중세 벽을 깨뜨린 루터의 노동영성

2017년 10월 28일 초판 발행

지은이 | 임성근
펴낸이 | 김성희
편집인 | 정사철
디자인 | 서다운

발행처 | (사)기독대학인회 출판부(ESP)
서울시 강북구 덕릉로 77
Tel 02)989-3476~7 | Fax 02)989-3385

중세 벽을 깨뜨린

루터의 노동영성

임성근 지음

목차

문제 제기

종교개혁은 1517년 10월 31일 비텐베르크(Wittenberg) 대학의 교수였던 마틴 루터(Martin Luther, 1483-1546)가 학교 정문 게시판에 당시 지식인의 언어였던 라틴어로 95개조를 게시함으로부터 시작되었다. 이것을 촉발시킨 것은 당시 교황청이 지나치게 호화스러운 베드로 성당을 건축하기 위해 면죄부를 강압적으로 팔았기 때문이다. 이에 대해 루터는 성경에 근거하여 면죄부 판매의 부당성을 지적하였다. 이 95개조의 반박 성명의 게시의 방향은 충격적이었다. 거의 2주 만에 대부분 유럽에 폭발적으로 퍼져나가 큰 도시들이 이를 지지하였다. 처음 로마 교황청은 루터 한 개인의 가톨릭교회에 대한 반역적 항거 정도로 보았다. 시간이 흐르면서 종교개혁은 "오직 성경, Sola Scriptura" 운동으로 발전하게 되었다. 특히 구원론에서 로마서 1:17에 근거하여 "오직 믿음으로, Sola Fide"가 종교 개혁의 슬로건이 되었다. 이에 따라 루터의 성경연구와 해석은 더욱 깊어지고 광범위하게 되었다.

뒤늦게 사태의 심각성을 깨달은 교황청은 루터를 붙잡고자 했지만 작센의 선제후 프리드리히 3세(Friedrich III, 1463년 ~ 1525년)가 루터의 신학적 입장을 지지하고 그를 보호하였다. 이것은 로마 교황청뿐만 아니라 가톨릭의 영향 아래 있는 로마 제국에 대한 반발이기도 했다. 여기에서 작센은 점차적으로 로마제국에서 벗어나 독일이라는 정치적 독립국가의 기틀을 마련하게 된다. 경제적으로 당시 중간 계급이었던 법률가를 비롯한 상업인들이 대거 루터의 종교개혁을 지지한다. 그리고 결정적으로 155년에 토마스 뮌쩌를 중심으로 한 농민 전쟁이 일어나 100만명이 죽는 비극적 상황이 연출되었다.

이러한 역사적 사실들이 무엇을 말하는가? 종교개혁의 시발점이었던 95개조의 반박 성명은 로마 교황청의 잘못된 교회 전통과 성경해석에 대한 것이었다. 이것이 신학적인 비판에만 집중되었다면, 이것이 교회 지도자들과 신학자들의 토론이 되었을 것이다. 하지만 이것은 교회의 개혁에 머물지 않고 정치와 경제뿐만 아니라 수 만 명이 사상자를 초래하는 전쟁의 비극으로 연결되었다. 도대체 루터의 종교개혁에는 신학적인 내용 이외에 어떤 놀라운 비밀이 있기에 국제정치가 개혁되고 또 수많은 사람이 죽는 전쟁을 일으키게 했단 말인가?

이러한 논리적인 추론에 의한 문제의식 가운데 종교개혁을 좀 더 주의 깊게 살펴보았다. 종교개혁은 우리가 아는 것처럼 교리와 교회의 개혁뿐만 아니라 정치와 경제 그리고 문화 등 사회의 전반적인 분야에 미친 영향에 대해 이미 많은 연구가 진행되고 발표되어 왔다. 하지만 종교 개혁을 꿰뚫는 실제적인 분석은 별로 보이지 않는다. 종교개혁이 교회를 벗어나 중세의 마침이 되면서 근대를 향해 문을 열어 놓았다. 여기에는 운명적으로 여겨진 귀족과 평민의 신분에 대한 개혁의 여명이 있었기 때문이다. 종교 개혁이 세계를 격동시킨 것은 신학적인 주장을 벗어나 세속의 신분의 개혁이 있었기 때문이다. 신분은 어떻게 결정되는가? 출신성분에 의한다. 세습제에 의해 왕의 자손이 왕이 되고 귀족의 자손이 귀족이 되었다. 평민이 자신의 신분에서 벗어나는 것은 결혼을 포기하고 신부가 되는 길밖에 없었다. 이 중에 출세한 소수만이 귀족의 반열에 들어간다.

귀족이 되지 못한 평민들의 삶은 무엇인가? 그들은 노동만이 살길이었다. 중세의 신학과 철학은 '성과 속의 이분법'에 기초하고 있다. 교회 일은 거룩하고 세상의 일은 속되어 가치가 없는 일로 여겼다. 여기에서 중세의 노동관이 나타난다. 평민들은 먹고 살기 위해 죽도록 일을 하고 생산의 일부를 교회에 헌금으로 바친다. 교회는 이것으로 부를 누리면서 막상 평민들의 노동적 삶을 폄하하였다. 이것은 당시 중간층이었던 법률가나 사업가들도 마찬가지이다. 많은 노력으로 지식과 재산을 쌓았지만 이들의 신분 상승에는 한계가 있었다. 아무리 노력해도 이들이 귀족은 될 수 없었다. 이것은 운명적인 세습제이기 때문이다. 이들은 교회와 귀족의 종노릇에서 벗어나지 못했다.

하지만 루터의 종교개혁과 그의 성경해석에서는 이러한 중세의 운명적인 신분을 개혁하는 혁명적 사상이 내포되어 있었다. 그것은 하나님은 노동하는 분으로서 인간 역시도 노동하는 존재로 창조하였으며 하나님의 창조 섭리를 인간의 노동을 통해서 이루어간다는 것이다. 한 마디로 노동은 더 이상 세속적인 것이 아니라 하나님의 창조 섭리에 동참하는 거룩한 일이라는 것이다. 이들은 여기에서 중세의 신분제는 하나님에 의한 운명적인 것이 아니라 교회와 세상이 만든 조작적인 지배구조임을 발견한 것이다. 이들은 새로운 시대와 함께 자신의 운명적인 신분을 개혁할 때가 왔음을 알고 적극적으로 동참하였다. 이런 점에서 종교개혁의 원동력은 성경 안에서 노동의 가치를 발견하는데 있었고, 이것이 곧 종교개혁을 지속적으로 이끌어 오늘의 열매를 맺게 하였다.

들어가는 말

1517년 10월 31일, 루터는 자신이 몸담고 있는 비텐베르크 (Wittenberg)대학 교회 정문 게시판에 로마 교황청의 면죄부 판매에 대한 항의서 〈95개조 반박문〉을 게재함으로 종교개혁의 불을 밝혔다. 그는 자신의 회심 체험과 로마서와 시편 강의 등을 통해서 이제까지 자신의 신앙이 성경으로부터 벗어나 있었음을 발견하게 되었다. 그의 회심은 그로 하여금 성경을 최고의 권위로 여기게 하였고, 성경에 근거하여 중세교회의 신학과 전통 그리고 관습을 재해석하게 하였다. 여기서 루터의 '오직 성경(쏠라 스크립투라, Sola Scriptura)' 이라는 종교개혁의 구호가 나왔다. 이 구호는 중세 가톨릭교회의 전통과 신학사상에 중대한 도전이 되면서 역사적인 종교개혁 운동의 기폭제가 되었다. 그의 성경해석을 통한 복음의 재발견은 교회 전통과 신학의 개혁에만 머물지 않고, 신앙인의 실제적인 삶, 즉 노동(직업)에 대해서도 적용됨으로 그의 독특한 '노동영성' 이 형성되었다. 그의 '노동영성' 은 종교개혁의 핵심으로 인정하는 '이신칭의(以信稱義; Justification by faith)' 의 열매로 나타난다.

어떤 개혁 운동이나 혁명의 성패는 지도자 한 사람의 사상과 지도력에 의해서만 결정되는 것은 아니다. 그 운동이 성공하기 위해서는 그 시대의 대다수 사람들의 동의와 감동을 일으키는 총론적 사상이 요구된다. 루터의 종교개혁의 성공비결은 일차적으로 중세교회 공의회의 결정과 교황칙령들 위에 성경의 권위를 높임으로 그동안의 잘못된 신학과 구원론에 대한 올바른 자각을 일깨운데 있다. 이러한 성경의 권위에 따른 해석은 그 시대의 운명적인 신분과 계급 그리고 경제적인 삶에 있어서 실제적인 변혁으로 파급되었다. 이러한 면에서 루터의 '노동영성'은 종교개혁 운동에서 나타난 열매로서 중요한 위치를 차지하는 동시에 이 운동을 지속시키는 기반이 된다.

본서에서는 먼저 루터의 '오직 성경'이라는 종교개혁의 신념에 따라 루터의 성경 주해에 나타난 노동관을 살펴보고자 한다. 여기에서 필자는 성경에 나타난 노동이란 세속적인 것이 아니라 하나님이 우리에게 주신 문화명령이며, 삶의 신앙고백임을 밝히고자 한다. 더 나아가 루터의 노동관이 어떻게 중세교회의 신학과 전통을 개혁하는 신학이 되었으며, 그 신학이 노동의 영성이 되어 그 시대를 변화시킨 원동력이 되었는지 알아보고자 한다. 결론적으로 루터의 '노동영성'에 대한 연구를 토대로 하여 돈벌이의 수단으로만 인식되고 있는 현대의 노동관과 직업에 대한 기독교적 반성과 함께 이 땅에 하나님 나라를 건설하는 성경적 '노동영성'을 회복하고자 한다. 무엇보다 이러한 성경적 가르침을 통해 오늘날 취업문제로 고통을 받는 청년들과 그리스도인들이 자본주의 사회가 우리에게 일방적으로 심어 놓은 왜곡된 노동관으로부터 벗어나기를 바라는 마음이다. 아울러서 내가 무엇을 하든지 그곳에서 하나님나라 건설을 향한 비전과 가치를 가지는 노동의 영성이 심어지기를 고대한다.

서론

1992년 미국 대통령 선거에서 빌 클린턴은 "바보야! 문제는 경제야(It's the economy, stupid!)"라는 구호를 내세워 국민의 큰 호응을 얻어 제 42대 미국 대통령이 되었다. 이후 우리나라 정치에서도 "문제는 경제야"라는 슬로건이 등장하였다. 이런 구호는 오늘날에도 경제문제가 사회와 삶을 이끌어가는 정치의 핵심 주제임을 말하고 있다. 경제문제에서 가장 큰 핵심은 청년들의 취업이다. 2017년은 1999년 IMF 사태 이후로 최악의 실업률을 보여주고 있다. 문제는 이 시련이 지나간다고 하여도 희망적이지 않은데 있다("거세진 고용한파. 실업률 7년 이래 최고", 연합뉴스, 2017.3.15). 2017년 1월 6일 국회 예산 정책에서 사업평가국이 발간한 '저출산 대책 평가' 보고서에 의하면 저출산 대책 1위는 '청년들의 정규직 전환 확대 및 임금격차해소' 이다(서울신문, 2017.1.7). 이것을 보면, 우리 시대를 막다른 골목으로 몰아넣고 있는 결혼과 출산의 위기에는 청년들의 취업과 이에 따른 안정적인 삶이 깊은 연관이 있음을 알 수 있다. 오죽하면 청년들이 이 시대를 '헬조선'이라고 부르겠는가? 이 시대는 청년들에게 일자리가 없음으로 인해 희망이 없는 세상이 되었다는 뜻이다. 이런 시대 상황을 반영하여 2017년 대선에서 모든 대통령 후보의 공통적인 선거공약은 청년들을 위한 일자리 창출에 집중되었다. 대통령이 된 문재인은 "청년들이 취업할만한 좋은 일자리를 많이 만드는 것이 우리 문재인 정부의 가장 중요한 국정목표이다"라고 선언하고 있다(중부일보, 2017.9.4). 정부의 국무회의는 청년일자리 예산에 이미 지난해 대비 10.4% 대폭 증가한 바 있는 올해 2조 6천억원에서 무려 20.9%나 늘린 3조 1천 억원을 투입하기로 결정하고 이를 국회에 제출할 예정이다(CBS 노컷뉴스, 2-17.8.27). 새로운 시대는 독재와 싸우면서 외쳤던 '민주'가 아니라 청년세대의 '일자리'에 맞추어지고 있다. 그만큼 청년들의 일자리는 절실하다고 말할 수 있다.

필자는 일자리가 없어서 방황하는 이 시대의 청년들의 아픔을 보면서 취업, 즉 노동의 문제에 대해 생각해보고자 한다. 노동에 관해 그리스도인들에게 가장 익숙한 말은 "일하기 싫거든 먹지도 말라(살후 3:10)"는 사도 바울의 권면이다. 성경은 하나님 자녀의 존재의미로서 노동을 말하고 있다. 노동은 인간의 생계문제 해결뿐 만 아니라 존엄성을 가지게 한다. 더 나아가 노동은 우리가 사는 사회와 세상의 문화를 창조한다. 하나님은 사람을 자신의 형상으로 창조하시고 이 세상에 대해 '번성하며 다스리며 정복하라'는 '문화 명령'을 주셨다(창 1:26-28). 하나님이 인간에게 문화명령을 주신 이유는 무엇인가? 그것은 세상을 아름답게 창조했지만 완성된 나라가 아니었음을 의미한다. 하나님은 인간의 노동을 통해 이상적인 나라로 발전시키고자 하셨다. 노동은 인간의 죄로 말미암아 생긴 죄책이 아니라, 하나님이 기뻐하는 온전한 세상을 만들기 위한 인간 창조의 목적이었다. 따라서 하나님의 형상으로서 인간의 고귀한 모습은 하나님을 경외할 뿐만 아니라 하나님의 뜻에 따른 노동을 통해 하나님이 기뻐하는 문화 창조를 이루는데 있다.

그렇다면 노동이란 무엇인가? 18세기 영국의 고전주의 경제학자인 아담 스미스(Adam Smith, 1720-1790)는 『국부론』에서 노동을 다음과 같이 정의하고 있다.

모든 국민의 해마다의 노동은 원래 그 국민이 해마다 소비하는 모든 생활필수품과 편의품을 공급하는 자원(fund)이며 이 필수품과 편의품은 언제나 이 노동의 직접의 생산물이거나 또는 그 생산물로 다른 제 국민들에게서 구입해온 물품이다.[1]

노동의 생산물은 노동의 자연적 보수(natural recompence), 즉 자연적 임금을 구성한다.[2]

아담 스미스는 노동을 인간의 물질적 필요를 채우기 위한 수단으로만 인식했다. 경제학의 시점(始點)에서 노동관은 우선적

---

[1] Adam Smith, 『國富論上』, 최호진 · 정해동 역, (서울: 범우사, 1994), 15.
[2] Ibid, 72.

으로 자신의 물질적 필요를 채우기 위한 생산 가치로 보았다. 그 이후에 나타난 경제학자 마르크스(Karl Marx, 1818-1883)는 노동을 좀 더 발전된 개념인 "자기실현의 수단"으로 정의한다. 그는 노동이 단순한 생계유지의 수단이라면 외적인 궁핍으로 말미암은 자유의 포기이지만, 이 노동이 일차적으로 고유한 자기실현을 위한 인간욕구에 기인한다면 노동은 자유로운 것임을 주장한다.[3] 여기에서 마르크스는 노동을 아담 스미스의 생계유지의 개념을 뛰어넘어 인간의 자아실현의 수단으로 이해하고 있다.

이러한 마르크스의 자아실현이라는 노동의 개념은 현대 자본주의에 더욱 일반화되었다. 마르크스의 자아실현을 위한 노동의 개념은 오늘날 직업을 구하는 청년들에게 중요한 기준이 되고 있다. 그러나 자본주의가 심화되고 취업을 위한 경쟁률이 점점 치열해지면서 청년들의 우선순위는 마르크스적인 자아실현에 대한 꿈에서 멀어지고, 대신 아담 스미스적인 생계유지의 수단으로 전락하고 말았다. 이런 점에서 우리 시대의 노동관은 역사적인 면에서 볼 때, 퇴보하고 있다고 할 수 있다.

심각한 문제는 이러한 세속적인 노동관이 한국 교회에 침투해서 신학과 성도의 신앙을 변질시키고 있다는 것이다. 목회자들은 공공연하게 강단에서 물질적 부를 하나님 축복으로 말하

3 Miroslav Volf, 『노동의 미래 - 미래의 노동』, 이정배 역, (서울: 한국신학연구소, 1993), 23.

고 있고, 성도들 역시 이것을 하나님이 주시는 최고의 복이라고 생각하고 있다. 이런 점이 오늘날 기독교를 '기복 종교'라고 비판 받게 한다. 또한 기독청년들이 직업을 선택할 때, 하나님 앞에서 자신에게 주어진 소명(Calling: 하나님의 부르심)을 찾기보다는 그 일에 대한 만족도와 세상적인 수익의 기준에 따라 결정을 한다. 종종 그 일이 세속적인 기대가 높으면 그것이 나에게 맞는다고 생각하는 자기 기만에 빠지기도 한다. 이러한 직업에 대한 세속적인 수용 자세는 자신도 모르는 사이에 자아와 물질의 우상을 심어 놓고 하나님을 거역하는 삶을 추구하도록 부추긴다. 이러한 면에서 인본주의와 물질에 기초한 세속적 노동관은 지금 뿐만 아니라, 장차 한국 교회를 위협하는 가장 큰 신앙적 도전이 될 수 있다. 한국교회의 세속화에 대해서 박철수는 다음과 같이 지적하고 있다.

예수님은 광야에서 세 가지 시험을 받으셨다. ··· 여기에는 인간의 세 가지 욕망이 들어 있다. 정치적 욕망, 권력의 욕망, 종교적 욕망이다. ··· 예수님께서는 이 세 가지 시험을 이루심으로서 어쩌면 매우 쉽게 메시아임을 나타내실 수 있었지만, 오히려 모두 거부함으로써 승리하시고 하나님 나라가 시작된 것이다. 그럼에도, 한국교회가 오히려 예수님께서 거절하신 사탄의 세 가지 약속을 구하는 것은 참으로 안타까운 일이다. 이제 한국교회는 마치 머리칼이 잘린 삼손과 같이, 본말이 뒤바뀐 채 이기적인 욕망충족의 종교가

되어가고 있다.[4]

예수는 인간의 욕망을 거절함으로 사단을 이기고 하나님 나라를 시작했다. 그러나 한국교회는 예수와 성경의 약속을 붙잡기보다는 오히려 사단의 약속을 붙잡고 인간의 본능적인 욕망 충족을 부추긴다. 이를 위해 한국교회는 죄책감 없이 성경에 대한 왜곡된 해석을 가지고 하나님의 이름으로 선포한다. 여기에 동의하는 성도들은 자신도 모르게 사탄의 약속을 구함으로 욕망의 우상을 숭배하고 있다. 중요한 것은 이러한 욕망들의 본질에는 '돈'이 자리 잡고 있는 것이다. 현대인에게 있어서 노동을 하는 가장 큰 이유도 돈을 벌고 이것을 바탕으로 자신들의 욕망을 추구하는데 있다.

우리의 삶의 곳곳에 스며든 물질주의 앞에서 한국교회는 기독교적 노동관을 주창하도록 요청받고 있다. 교회는 성경적 관점에서 노동의 근원은 무엇이며 이것이 그리스도인의 삶과 세상에 어떤 의미와 가치를 부여해 주는지 말해야만 한다. 또한 노동의 대가인 수입의 사용에 대해 성경적인 설명을 해야만 한다. 이러한 기독교적 주장을 통해서 한국교회를 압박하며 위기에 몰아넣는 인본주의와 물질의 욕망으로부터 구해내야만 한다. 그렇다면 성경에 나타난 본래의 노동관은 무엇인가? 이것은 앞에서

4 박철수, 『기독교란 무엇인가 하나님의 나라』 (서울: 대장간, 2009), 125-26.

언급한대로 '하나님의 문화명령'이다(창 1:27-28). 이 문화명령은 이 땅에서 하나님의 자녀로서 어떻게 살아야 할 것인지를 말하고 있다. 인간의 노동은 타락하기 이전부터 하나님의 창조세계를 이상적으로 발전시키는 창조섭리의 동참이었다. 본래 하나님 나라는 사후의 천국이 아니라 에덴동산을 완전한 하나님나라로 발전시키는 것이었다. 인간의 삶의 목적은 죽어 천국에 가는 것에 있는 것이 아니라 이 땅에서 하나님을 경외하는 마음으로 땅을 다스리고 하나님이 기뻐하는 나라를 건설하여 창조세계를 완성하는데 있었다. 이러한 하나님의 창조섭리 속에서 인간은 노동을 통해 자신의 삶의 목적과 가치를 발견하는 존재이다. 따라서 노동을 잃어버리거나 노동에 대한 왜곡된 인식을 가지는 것은 곧 인간의 창조의 목적과 존엄성을 잃어버리게 하는 중요한 문제이다. 교회는 이런 점에서 성경에 기초한 올바른 노동관을 반드시 제시할 필요가 있다.

　필자는 이러한 문제의식을 가지고 종교개혁자 루터의 노동관에 대해 알아보고자 한다. 왜냐하면 종교개혁 운동은 초대교회를 모델 삼아 하나님 말씀으로 돌아가고자 하는 운동이며, 이 종교개혁 운동의 첫 출발점이 루터이기 때문이다. 루터의 노동관을 살펴볼 때 우리는 성경에 나타난 노동관이 무엇이며, 이것이 역사 속에서 어떻게 실제화 되면서 세상을 변혁시켰는지 볼 수 있다. 뿐만 아니라 노동이 하나님의 형상으로서의 인간을 얼마나 존귀하게 했는지 볼 수 있다. 이러한 역사적 사실과 교훈이 오늘날 세속적 물질주의 앞에서 위협받고 있는 한국교회와 신앙에 기독교적 답변이 될 줄 믿는다.

1장

기독교의 영성과
노동(직업)

기독교 영성의 유래와 정의

현대 교회 문화 가운데 중요한 화두는 '영성'이다. 곳곳에 '영성신학, 영성훈련, 영성 QT'라는 말들이 난무하고 있다. 성도들은 목회자를 평가할 때, "영성을 기준으로 삼는다"는 말을 공공연히 한다. '영성'이란 무엇인가? '영성'이라는 말은 기독교에서만 쓰는 독특한 단어가 아니다. 불교와 힌두교도 각각 자신들의 영성을 주장하고 있다. 심지어 정신수양 하는 곳에서도 '영성'이라는 단어를 쓴다. 이렇듯 모든 종교나 정신수련에서 '영성'이라는 단어를 쉽게 찾아 볼 수 있다. 그렇다면 '영성'이란 어디에서부터 유래되었으며, 어떤 의미로 사용되었는가?

영성은 일반적으로 종교적 경험으로부터 유래되었다고 할 수 있다. 이런 인식은 대부분 아시아 종교들의 명상 수행으로부터 나타난다. 특히 인도의 의식과 선불교의 화두들이 이런 것을 많이 보여주고 있다. 이러한 종교적 배경 속에서 '영성'의 개념은 명상과 신비주의적인 종교경험으로 인식되고 있다. 이 '영성'이 중세교회에 들어오면서 '수도원 영성'으로서 자리 잡았다. 중세 수도원의 영성수련의 목표는 '하나님과 합일'이었는데, 명상을 통해 영적 상승을 도모하여 하나님을 보는 경지에 도달하는 것이었다. 이를 위해 수도사들은 미사, 성무일도, 강론, 성경읽기 및 교부들의 가르침과 설교를 읽었으며, 시편은 개인기도와 묵상을 위해서 사용하였다. 이러한 점에서 중세수도원의 '영성'은

'하나님과 합일'을 추구하는 신비주의 속에서 '영에 속한 것과 육에 속한 것, 영혼과 육체, 그리고 묵상과 일상생활의 과격한 분리'를 추구하였다. 결국 중세수도원의 영성은 이교들의 신비주의 명상과 함께 '성과 속'의 이분법적 신학을 가짐으로 개혁주의 교회는 '영성'이라는 단어를 쉽게 사용할 수 없었다.

그러나 점차 시간이 지나면서 '영성'이라는 단어가 종교개혁자들에 의해서 새로운 개념으로 받아들여지기 시작했다. 백금산은 조엘 비키(Jeol R. Beeke)의 『개혁주의 청교도 영성』의 서문에서 "개혁주의 청교도의 영성은 성경말씀에 대한 묵상과 연구뿐만 아니라 복음전파와 그리스도를 본받는 성화와 삶을 개혁하는 실천"이라고 정의하고 있다.[5] 김영한은 기독교 영성에 대해 다음과 같이 말하고 있다.

"기독교 영성은 오늘도 그리스도 안에서 우리 가운데 살아 계시는 하나님의 임재를 성령 안에서 경험하면서 하나님과 연합하여 사는 삶의 방식이다. 이것은 날마다 자기의 욕망을 포기하는 삶이요 그리스도를 본받는 삶이다."[6]

김영한은 기독교 영성을 '하나님과 연합하여 사는 방식'으로서 정의하고 있다. 이러한 면에서 그의 기독교 영성은 중세수

5 Jeol R. Beeke, 『개혁주의 청교도 영성』 (서울: 부흥과 개혁사, 2009), 13.
6 김영한, 『21C 문화변혁과 개혁신앙』 (서울: 예영커뮤니케이션, 2007), 158.

도원의 영성의 목표인 '하나님과 합일'과 비슷하게 보인다. 그러나 그 내용면에서 중세수도원의 영성은 '하나님과 합일'을 위한 현실 도피 속에서 신비적 명상인 반면, 김영한의 기독교 영성은 자기의 욕망을 포기하고 그리스도를 본받는 실제적인 삶의 방식이다.

'개혁주의 영성'은 삼위일체 하나님과 연합한다는 점에서 중세수도원의 영성과 연결되지만, 그 영적체험이 현실 도피적 성격이 있는 신비주의적 명상이 아닌 실제 삶에서 하나님 말씀에 인도함을 받는데 있다고 말할 수 있다. 이러한 점에서 기독교 영성은 성경말씀과 일치하는 삶을 통해 하나님과 연합하는 신비를 체험하는 것이라고 할 수 있다. 그러므로 '개혁주의 영성'은 중세처럼 특별한 수도사들만의 독점적 은사가 아니라 모든 그리스도인이 가져야만 하는 일반적인 것으로서 교회에서 뿐만 아니라 가정과 직장을 포함한 삶의 모든 영역에서 나타나야만 한다.

기독교 영성이 주목받는 이유

오늘날 기독교 내에서 '영성'이 새롭게 주목받는 이유가 무엇인가? 종교개혁은 예수를 믿음으로 죄 사함을 받아 구원에 이른다는 '구원교리'를 강조했다. 이에 그리스도인들은 예수를 믿음으로 구원을 확신했지만 자신의 삶에서 지속적인 죄의 지배와 반복적인 삶 사이에서 신앙에 대한 회의와 무력감에 빠져왔다.

주일이면 교회에 가서 예배를 드리며 '예수는 나의 왕'이라는 신앙고백을 하지만 실제생활에서는 내 중심적이고 의지적인 삶으로 인한 신앙의 불일치로 혼란을 겪고 있다. 이처럼 그리스도인들은 구원의 확신과 실제적인 삶의 괴리 속에 방황하면서 이에 대한 일치의 갈망을 가지게 되었다. 이러한 개혁적 반동으로 나타난 것이 현대 기독교 영성 운동이다. 결국 현대 기독교 영성이 주목받는 가장 큰 이유는 말씀과 동떨어진 그리스도인의 세속적 삶의 비참함에 기초하고 있다.

기독교 '노동영성'의 의미와 필요성

중세의 '성과 속'을 구분했던 이분법이 현대에서는 '신앙과 삶'의 구분으로 나타나고 있다. 그 현상은 현대 물질주의 속에서 삶의 핵심인 노동(직업)이 신앙과 괴리되어 인간의 탐욕과 생존의 수단으로만 인식되는 데 있다. 이것이 교회와 기독교인에게 그대로 전달되어 신앙은 교회에만 머물고 실제적 삶은 세속주의에 머물게 한다. 이것은 하나님을 교회의 주인으로만 제한하는 심각한 신앙의 문제를 제기한다. 우리가 신앙적으로 이러한 이분법을 인정하지 않을지라도 자신도 모르게 구분을 가지고 살아가고 있다. 이러한 이분법은 6일간 노동하는 우리의 삶을 그저 세속적인 가치로서만 이해한다. 이것은 우리의 삶 전체가 '하나님의 영광이며 기쁨'이라는 인생의 본래의 목적에 크게 위배되는 문제이다.

이러한 이유로 6일간 수행하는 노동에 대한 영적 의미를 밝혀주는 기독교적 노동관의 연구가 요청된다. 필자는 이 책을 통해서 기독교 '노동영성' 은 단순히 성경적 노동의 의미를 밝힘으로 '신앙과 삶' 이라는 이분법적 괴리의 한계를 극복하는 것에 그치지 않는다. 중요한 것은 그리스도인은 노동, 즉 직업적 수고를 통해 신앙 고백하는 존재임을 밝히는 것이다. 삼위일체 하나님은 온 우주의 창조주이시며, 주(主)이시다. 우리의 신앙고백은 교회와 개인적인 내적 신앙으로 제한되어서는 안 된다. 우리의 삶 전체에서 삼위일체 하나님의 주되심을 선포해야만 한다. 따라서 사람의 삶에서 핵심적인 비중을 차지하고 있는 노동에 대한 기독교적 영성을 가질 때, 비로소 우리는 신앙과 삶을 일치시킬 수 있을 뿐만 아니라, 오늘날도 계속되는 하나님의 창조 섭리 속에서 삶의 의미와 가치를 발견하게 될 것이다. 즉, 노동이란 생계수단과 자기만족에 불과한 수단이 아니라 하나님나라의 건설에 동참하는 거룩한 행위임을 발견하는 것이다. 이러한 세계관을 가질 때 우리는 노동을 통해서 하나님과 세상 앞에서 삼위일체 하나님의 주되심을 고백할 수 있다. 이러한 점에서 기독교 '노동영성' 이란 '세상 속에서 노동을 통한 신앙고백이다' 라고 정의할 수 있다.

나누어봅시다

01

경제학의 시점(始點)에서 노동의 이해는 무엇이며 그 후에 어떻게 발전했습니까? 현대에 일반적으로 노동(직업)의 목적은 무엇이며 그 선택 기준은 무엇입니까?

02

노동(직업)에 대한 일반적인 교회의 가르침은 무엇이며, 성경의 하나님의 문화명령(창 1:27-28)에서 노동의 목적은 무엇이라고 가르치는가? 이것은 서로 어떤 차이점을 보이는가?

03

영성의 유래는 무엇이며, 중세 교회는 이 영성을 어떤 의미로 사용했는가? 개혁주의 교회가 이 영성을 꺼려했던 이유는 무엇이며, 후에 어떤 의미로 새롭게 규정하여 사용했는가?

04

오늘날 기독교 영성이 주목받는 이유는 무엇인가? 개혁주의의 '오직 믿음으로 구원받는다'는 이신칭의(以信稱義)론은 현대에 어떤 문제점을 제기했는가?

05

노동영성은 무엇이며, 이에 대한 이해가 우리 기독교인들에게 중요한 이유는 무엇인가?

2장

중세의 영성과
노동 이해

중세의 영성과 노동관은 대표적인 종교기관인 교회와 수도원 운동에 대한 이해로부터 나온다고 말할 수 있다. 이중에서도 수도원의 노동관을 우선적으로 주목할 필요가 있다. 왜냐하면 중세교회의 중요한 지도자들이 수도원 출신으로서 수도원이 이들에게 준 영향력은 중대하기 때문이다. 예를 들면 중세수도원은 중세교회에 결정적인 역할을 한 알렉산드리아의 오리게네스(Oregenes, B.C. 185-254)와 어거스틴(Aurelius Augustinus, B.C. 396-430)과 같은 위대한 주교들과 대표적인 신학자 토마스 아퀴나스(Thomas Aquinas, B.C. 1224/25- 1274) 그리고 기독교 역사상 가장 영향력이 있었던 그레고리 7세 교황(Gregory VII, A.D. 1023-1083)[7] 등을 배출했다. 이들에 의해서 중세교회의 신학이 형성되었을 뿐만 아

7 그레고리 7세의 본명은 힐데브란드로서 25년간 수도사 생활을 하였다. 이 기간 동안 그는 6명의 교황 수석 고문역을 담당하였다. 이 중에 3명은 그가 개인적으로 선출한 인물이었다. 이것을 보면 그의 영향력이 얼마나 큰 지 알 수 있다. 추기경에 의해서 최초로 세워진 알렉산더 2세가 사망하자 시민들은 힐데브란드를 억지로 잡아다가 교황으로 임명하였다(1073년). 그는 교황이 되자 성직매매를 금하는 개혁운동을 펼쳤다. 특히 지방 영주에 의해서 성직을 임명하는 관행을 금하였다. 이에 대해서 신성로마제국의 헨리 4세가 반발하여 그레고리 7세의 교황 임명과정을 문제 삼아 1076년 브롬스에서 신성로마제국의 주교회의에서 교황직을 파문하였다. 이에 그레고리는 헨리와 그의 수하 26명의 주교를 파면하고 국민들에게 왕의 충성의 의무를 해제하였다. 이에 헨리 4세는 왕으로서 모든 권력을 잃어버리게 되자 결국 그는 카놋사에서 그레고리 7세에게 용서를 구하였다. 이로서 황제의 권위가 교황에게 굴복하는 역사적 사건이 되었다. 이 사건으로 인해서 그레고리 7세는 제국교회의 창시자가 되었다. (William R. Cannon, 『중세교회사』, 205-14)

니라 이들의 삶은 모델이 되어 중세 기독교 역사와 문화를 형성하였다. 특히 중세교회를 개혁한 루터도 어거스틴 수도원의 사제 출신임을 잊어서는 안된다. 이런 점에서 루터의 노동관은 중세와 연결되어 있으며 또한 그 한계를 깨뜨린 개혁적인 요소가 있음을 알 수 있다. 중세의 '노동영성'을 알기 위해서 먼저 수도원에 나타난 노동관을 알아보자.

수도원의 기원과 초기 수도사들에게 나타난 노동관

역사적 기록에 의하면 기독교 수도원의 기원은 A.D. 270년경에 이집트 테베스(Thebes)의 안토니(Anthony, A.D. 251-356)에 의해서 시작되었다. 안토니와 그의 추종자들은 기독교에 대한 로마의 핍박과 교회의 대중화로 인한 독특성 상실을 막기 위해 사막으로 피신하였다. 이들은 이곳에서 나름대로 독특한 생활방식을 만들면서 수도원 운동의 효시가 되었다.

이 수도원 운동의 독특한 특징인 금욕적 수행에 대해 헤수스 알바레즈 고메즈(Jesus Alvarez Gomez)는 『수도생활의 역사 I』에서 "그리스도교의 수도승 생활은 많은 점에서 신 플라톤 사상에 빚을 지고 있다. 수덕의 실천과 그리스도교 수도승 생활의 교의적 설명은 많은 부분이 신 플라톤 철학의 영성으로부터 온 것이다"라고 말했다. 기독교는 그리스(헬레니즘) 문화배경 속에서 토착화가 되었다. 분명한 것은 3세기 초기까지 기독교의 가장 강력한 대적자는 그리스 철학이었다. 그럼에도 불구하고 시간이 지나면서 수도사들은 그리스 철학적 개념과 사상을 기독교적으로 재해석하여 수용하기 시작하였다.

이러한 일에 중심인물은 에바그리우스 폰티쿠스(Evagrius Ponticus, A.D. 236-399)이다. 그는 플라톤의 이데아 사상을 기독교적 해석을 통해서 기독교에 접목시켰다.[8] 그 결과 금욕주의가 수도원의 사상적 배경을 이루게 되었다. 이러한 역사적 배경 속에서 수도원 생활은 영적 안식을 위한 명상과 기도와 독서에 집중되어 있었다. 이들에게 있어서 세상과 육체는 영혼의 감옥이었을 뿐이다. 따라서 수도사들에게 육체의 노동은 외부인과

8 에바그리우스의 기독교적 플라톤주의의 핵심사상은 다음과 같다. 하나님이 자신의 형상을 따라 이성적 존재(logika)를 창조했는데, 이들이 순수정신(nous)이라는 것이다. 이 정신은 하나님을 삼위일체로 인식하는 능력을 가지고 있다는 것이다. 그러나 인간의 원(原)타락에 의해서 순수정신은 하나님을 인식하려는 노력을 소홀히 하게 되었고 그 결과 육체와 결합된 영혼으로 전락했다는 것이다. 그래서 인간은 더 이상 순수정신이 아니라 육체와 결합된 영혼이라는 또 다른 차원의 존재가 되었다는 것이다. 육체와 결합된 이 영혼의 타락 정도에 따라서 천사와 인간 그리고 악령으로 나뉜다고 하였다. 이러한 인간의 영혼은 이성부(Resonable part)와 정념부(Irascible part)와 욕망부(Concupiscible part)로 구성되어 있다는 것이다. 이러한 영혼의 삼중 구분은 그리스의 플라톤에게서 유래한 것이다. 정신은 이성부를 통해서 본질적 인식을 가지게 되며 욕정부로 통칭되는 정념부와 욕망부는 영혼이 육체에 연결되는 부분들이다. 본질적 인식에서 멀어진 타락한 정신은 한 육체 안에 있는 영혼으로 확장되었다. 그러므로 육체를 정화하고 영혼의 욕정부를 정화함으로써 이성부는 다시 본질적인 인식을 얻게 된다. 결국 수도사의 생활 또는 영성 생활이란, 육체와 영혼의 정화를 통한 본질적인 이성의 회복을 위한 영적투쟁이었다. (Évagre le Pontique, 「수행생활에 관한 가르침, 프락티코스」, 허성석 역, (서울: 분도출판사, 2011), 33-34.)

접촉을 피하면서 수행을 정진하기 위한 어쩔 수 없는 선택이었을 뿐이었다. 결국 플라톤주의적 기독교사상은 영적으로는 높은 수준을 지향하는 것 같지만 세속의 삶을 의미하는 노동에 대해서는 부정적 관점을 가질 수밖에 없었다. 이런 점에서 중세수도원의 독특한 영적 문화인 금욕주의와 명상의 수행은 성경이 아닌 그리스 플라톤 철학에서 출발한 것이라고 할 수 있다. 이러한 '성과 속'을 분리하는 기독교적 플라톤주의가 중세수도원 운동에서 본격적으로 나타나게 된다.

수도원 운동에 나타난 노동 이해

앞서 말한 것처럼 중세수도원 운동은 초대 교회가 일반화되는 과정에서 독특성 상실의 위기에 대한 개혁운동으로부터 시작되었다. 이 수도원 운동은 이집트로부터 전 동방에 급속히 퍼졌으며, 아타나시우스(Athanasius, A.D. 295~378)[9]에 의해서 서방에 소개되었다. 이 수도원은 암브로스(Ambrose of Milan, A.D. 340-397) 그리고 어거스틴에 의해서 발전되었으며, 중세의 탁월한 생활양식의 하나가 되었다.[10] 그러나 이들의 개혁

---

9 아타나시우스(Athanasius, 296-373)는 328년 알렉산드리아의 감독이 되었다. 그는 삼위일체 하나님을 동일본체(homoousious)의 용어를 사용해서 삼위일체를 부인하는 아리우스파를 타파하는 데 공헌하였다. (Henry Chadwick, 『초대교회사』, 서영일 역, (서울: 기독교문서선교회, 1989), 178.)

10 B. K Kuiper, 『세계 기독교회사』, 김해연 역, (서울: 성광문화사, 1987), 59.

은 세상과 교회의 부정부패와 싸우고자 했던 초기 수도원과는 달리 세상과 단절하는 도피주의와 금욕주의에 기초한 것이었다. 이러한 수도원 운동에서 노동은 어떻게 이해되었는가? 이를 위해서 중세를 대표하는 5가지의 수도원 운동을 통해 중세의 노동의 이해를 살펴보고자 한다. 이 수도원은 베네딕트 수도원(The Benedictine Order), 클루니 수도원(The Cluny Order), 시토 수도원 (The Citeaux Order), 프랜시스 수도원 (The Francisans Order), 그리고 도미니끄 수도원 (The Dominicans Order)이다.

베네딕트 수도원(The Benedictine Order)

베네딕트(Sanctus Benedictus, A.D. 480~543)는 이탈리아의 누르시아(Nursia)에서 태어난 것으로 알려져 있다. 이 수도원에서 가장 중요한 것은 베네딕트 규칙[11]인데 이 규칙에는 "기도

11 베데딕트 규칙은 여섯 부분으로 구분할 수 있다. ①처음 일곱 장은 수도생활, 수도원 아빠스의 역할, 전형적인 수도원의 덕들 ②그 다음 열 두 장은 기도와 성무일도에 대하여 ③계속되는 열 장은 엄격한 계율의 주제들을 다룬다. ④ 31-57장은 수도원의 일상생활의 규정들을 ⑤58-63장은 성소자 모집에 대하여 ⑥64-65장은 아빠스와 원장의 임명; 66-67장은 봉쇄 구역; 68-72장은 공동체 생활; 73장은 규칙준수에 대한 권고로서 결론을 맺고 있다. 이전에 있었던 스승의 규칙을 인용하고 보완한 것으로 보인다. (Gomez, 『수도생활의 역사 I』, 254-55.) 베네딕트 규칙은 오늘날까지 모든 수도원의 규칙이 될 정도로 중요한 영향력을 끼쳤다.

하고 일하라(ora et labora)"라는 기본 정신이 담겨져 있다.[12] 베네딕트는 "나태함은 영혼의 적이다. 따라서 형제들은 정해진 시간에 노동에 종사해야만 한다. 그리고 또 다른 정해진 시간에는 종교서적을 읽는 것에 몰두해야만 한다"라고 기록하고 있다. 이에 따라 이 수도원의 수도사들은 적어도 하루에 3시간 이상 규칙적으로 독서와 노동을 했다. 이 수도원이 노동을 독서 못지않게 강조한 이유는 로마인과 고트족이 혼합된 당시 사회에서는 노동을 경시하는 풍조가 있었기 때문이다. 로마인들은 노동을 천한 일로 간주했고 고트족, 게르만족들은 칼을 쓰는 무인들로 '노동은 가치가 없다'는 인식을 가지고 있었다. 크리스토퍼 부룩(Chrisopher Brooke)은 『수도원의 탄생』에서 "베네딕트는 이러한 로마인의 나태함과 게르만 인들의 호전성에 대한 응답으로 노동을 강조하였다"고 주장했고, 헤수스 알바레즈 고메즈는 『수도생활의 역사 II』에서 "베네딕트는 이들의 나태를 방지하는 경건의 수단으로서 노동을 강조하였다"고 말했다.

이런 점에서 본다면 베네딕트 수도원의 노동이란, 수도사들이 수행의 과정 속에서 나태를 방지하고 또 수도원 안에서 생기는 일상적인 일을 자발적으로 처리하기 위한 것이었다. 이들의 수도원 생활의 핵심은 노동이 아니라 세상과 관계 단절 속에서 예배와 독서, 묵상과 기도에 집중하는 것이었다. 당시 베네딕트

12　Jesus Alvarez Gomez, 『수도생활의 역사 II』, 강운자(루실라) 역, (서울: 성 바오로, 2000), 46.

수도원은 작은 수도원이어서 그 안에 허드렛일에 대해 자체적으로 해결할 수밖에 없었다. 이러한 베데딕트 수도원의 '노동영성'은 대형 수도원이 생기면서 달라진다. 그것을 보여주는 것이 다음 단계의 클루니 수도원이다.

클루니 수도원(The Cluny Order)

중세교회의 부패와 영적 쇠퇴를 비통하게 여긴 사람 중에 에퀴테인(Aqitaine)의 경건한 공작 윌리암(William I, A.D. 875~918)이 있었다. 그는 910년 동 프랑스의 클루니(Cluny)라는 곳에 수도원을 창건했다. 이 수도원은 베네딕트 수도원의 규칙을 따랐으며, 200여 년의 클루니 수도원 운동 동안에 2,000여개의 수도원이 세워졌다.[13] 이 운동의 결과로 제국교회를 탄생시킨 교황 그레고리 7세가 배출되었다. 이러한 역사적 배경 속에서 클루니 수도원 운동은 중세교회와 신앙을 이끄는데 중심적인 역할을 하였다.

그러나 노동에 관해 클루니 수도원은 베네딕트 수도원과 다른 모습을 보여주고 있다. 이들 수도원들은 베네딕트와 달리 대형화되면서 하나님을 섬기는 일과 노동을 분리했다는 점이다. 수도원에 필요한 노동은 그 일의 전문가나 봉사자가 따로 있었

---

13 B. K Kuiper, 『세계 기독교회사』, 114.

다. 대부분의 수도사들은 예배와 성경을 읽는 일에 전념하였다. 이러한 면에서 이 수도원은 중세교회가 금욕주의적 신앙을 최고의 영성으로 인정하는 데 결정적인 역할을 하였다. 이러한 영성 이면에는 노동에 대한 철저한 외면이 있었다. 이 수도원 운동은 시간이 지나면서 정치적인 힘과 부를 크게 소유하게 되고 도덕적으로 심각하게 타락하였다. 특히 수도원의 생활은 예배와 명상 그리고 독서를 강조한 나머지 베네딕트 수도원의 소박한 노동의 영성마저도 상실하고 있었다. 이에 대한 반발로 나타난 것이 시토 수도원이다.

시토 수도원 (The Citeaux Order)

1097년 또는 1098년에 성 로베르(Saint Robert)에 의해서 세워진 수도회이다. 그는 정치적 힘과 부를 소유함에 따라 점차적으로 타락해 가는 클루니 수도원을 떠나 베네딕트의 수도 규칙의 원천적 형태로 돌아가고자 하는 운동이 있었는데, 그 결과로 시토 수도원이 생겼다. 이 수도원은 '침묵과 노동'을 강조하였다. 또한 이곳 수도사들은 베네딕트 수도원과 달리 자급자족의 원칙에 따라 적극적으로 육체노동에 종사하였다. 이들은 직접 농사를 지었고 자신의 옷을 손수 만들었다. 수도원에서 필요한 농부, 양치기, 석공, 방앗간 주인, 직조 등의 일을 하였다. 이들에 의해서 노동기술은 급격한 발전을 이루었다. 특히 석공의 일에 능하여 '시토 양식'이라고 불릴 만큼 독창적인 교회 건축을 이루었다. 이 수도원은 노동을 '하느님께 이르는 신성한 길'로 여겼다는 점에서 중세교회의 노동관에 새로운 지표를 제공하였다.

그러나 시토 수도원이 서방 전역으로 성장하면서 클루니 수도원과 같은 몰락의 길을 걸었다. 이전에 클루니 수도원으로 갔던 부와 토지들이 다시 이 수도원으로 증여된 것이다. 고메즈는 『수도생활의 역사 II』에서 "시토 수도원의 지도자들이 교회와 교권을 위한 싸움과 논쟁에 뛰어들면서 시토 수도원의 부패는 시작되었다"고 말한다. 이처럼 수도원이 물질적으로 부요하게 됨에 따라서 영적, 도덕적 침체가 발생했는데 이에 따른 개혁 운동으로서 탁발 수도사들이 등장하였다. 이 탁발 수도사(mendicants)는 구걸을 통해서 생계를 유지하는 사람들이다. 이들은 스스로 가난한 삶을 선택함으로 사람들에게 신앙의 모범을 보이고자 하였다. 이 탁발 수도원의 대표적인 교단은 프랜시스 교단과 도미니끄 교단이다.

프랜시스 수도원 (The Franciscan Order)

프랜시스(Sanctus Franciscus Assisiensis, A.D

118~1226)[14]는 1209년 이노센트 3세 교황의 허락 하에 프랜시스 수도원을 창립했다. 이 수도원의 계율은 아주 단순한 것이었다.

각 수도사는 오직 복음에 의해 생활할 것이며 아무 것도 소유해서는 안 된다. 수도회에 가입하려고 하는 자는 오직 그가 가진 모든 것을 팔아 가난한 자들에게 나누어 준 후에야 비로소 입회의 적격 여부를 심사받을 수 있다. 그는 갈아입기 위해 옷 한 벌을 여벌로 가질 수 있으나, 이들 두 벌 옷은 모두 거친 천으로 짠 것이어야 하고, 비싼 것이어서는 안된다.[15]

이전의 수도원들이 은둔생활에 집착했다면, 프랜시스 수도사들은 스스로 가난한 사람이 되어서 백성들의 삶에 깊숙이 개입하였다. 이들은 많은 선행을 하였지만 대가를 바라지 않았으며, 처음부터 학문과 설교의 중요성을 부인하였다. 이들의 특징은 전도의 방법을 교훈이 아닌 삶의 모범으로 선택하였다는 점이다. 이들은 가난을 통해서 현실의 삶에 개입한 것으로 보이지

14 프랜시스는 1182년 이탈리아 아씨시의 부유한 의복상집에 출생하였다. 그는 아씨시 평민이 귀족들과 싸우는 전쟁에 가담하여 1년간 베루기아에서 포로 생활을 하였으며, 그 다음에 아큐라 원정에 참가하였다가 중병에 걸려서 귀가하였다. 이 과정에서 그는 자신을 하나님께 바치기로 결정하였다. 1226년에 별세하였다. 송낙원, 「교회사」(서울: 한국신학연구소, 1984), 260.
15 Cannon, 「종세 교회사」, 서영일 역, (서울: 은성출판사), 294-95.

만 또 다른 면에서는 물질의 소유를 거부하였다. 물질은 생존을 위해 가장 기본적인 것만 구하였다. 이들에게 노동이라는 것은 남의 유익을 위해서 봉사하거나 자신의 생존에 필요한 기본적인 물질을 제공받는 수단이었을 뿐이다. 이들에게 있어서 "노동영성"은 가난한 사람들을 돕는 선행의 도구이며 동시에 자신의 영혼을 깨끗케 하는 자기연단의 도구로서 제한되었다.

도미니끄 수도원 (The Dominican Order)

도미니끄 수도원은 1221년 도미니끄(Saint Dominic, 1170-1221)[16]에 의해서 창립되었다. 이 수도원은 탁발 수도원이면서도 프랜시스 수도원과 달리 학문의 중요성을 강조했다. 성경을 연구하고 이를 효과적으로 설교함으로써 사람들에게 복음을 전하고자 했다. 이를 위해 사제들은 설교에 전념하고 수도원 관리는 평수사가 하였다. 육체적인 노동은 음식과 의복을 얻는 것 이외에 분명한 강조점이 없었다. 특히 수도원이 도시에서 일하는 원칙을 가짐으로 들판에서 하는 육체적인 노동과 상관이 없었다. 이들이 강조한 '청빈'은 말씀연구와 설교를 통한 전도를 위한 단

---

16   도미니끄는 1170년 스페인의 칼라루에가 성에서 출생하고 발렌치아 대학에서 수학하였다. 그의 성격은 견고하며 확실한 의지력이 있었다. 또한 시세를 간파하는 탁월한 능력도 있었다. 단테의 평에 "친구에게 선하고 적에게 두려운 인물이다"고 했다. 그는 1221년에 별세했다. (송낙원,『교회사』, 264.)

순한 삶이었을 뿐이다. 이러한 점에서 도미니크 수도원은 베네딕트의 뿌리를 가지고 있다고 주장하지만 노동문제에 있어서 설립 초기부터 상당히 부정적인 입장을 가지고 있음을 알 수 있다.

지금까지 살펴본 바에 의하면 베네딕트 수도원은 "노동하라. 기도하라."는 구호가 있었지만 이 노동은 수도원이 외부 사람의 간섭 없이 내적 성찰에 몰두하기 위한 것이며 또한 나태를 방지하기 위한 경건의 수단으로서 사용하였다. 이러한 소극적인 노동관은 클루니 수도원에서 더욱 강화되었다. 클루니 수도사들은 경건생활과 내적 성찰에 몰두하기 위해 수도원에 필요한 노동을 외부사람에게 맡겼다. 이에 대한 반발로 시토 수도원은 '침묵과 노동'을 주장하면서 '노동은 하느님께 이르는 길'로 표방하였다. 하지만 시간이 지나면서 세속에 대한 관여는 도덕적·영적 침체를 가져다주었다. 이러한 시토 수도원의 타락은 다시 금욕주의적인 성향을 가진 프랜시스와 도미니끄 수도원으로 회귀하게 하였다. 프랜시스 수도사들에게 노동은 가난한 자에 대한 봉사에 머물렀고, 도미니끄 수도사들에게는 청빈의 생활을 위해 음식과 의복을 얻는 수준에서 머물렀다.

이러한 점에서 중세 교회와 신학을 이끌었던 수도원들은 노동의 경건성을 인정하였다. 시토 수도원은 이를 적극적으로 수용하여 '시토양식'이라는 문화를 만들기도 했다. 하지만 시토 수도원의 부패로 말미암아 노동의 영성이 지속되지 못하고 금욕주의로 회귀하고 말았다. 뿐만 아니라 시토 수도원은 노동을 경건의 수단으로서 신성시하였지만 성경에서 말하는 하나님의 '문화창조' 라는 관점으로 노동을 적극적으로 발전시키지 못하였다. 결국 중세수도원의 '노동영성' 이란, 동방에서 유래된 신비주의와 그리스 철학의 영향 아래 종교적 명상을 위한 소극적인 종교적 행위였을 뿐이다. 수도원의 이러한 노동에 대한 신학적 이해의 결여는 교회의 노동에 대한 부정적인 인식으로 나타나게 된다.

중세 말기에 나타난 교회의 노동 실태

이러한 수도원의 노동관은 중세가 끝나갈 무렵에는 심각한 사회적 문제를 야기한 것으로 보인다. 송낙원은 그의 저서 『교회사』에서 당시의 대표적인 수도원인 프랜시스와 도미니크 수도원의 타락에 대해서 이렇게 말하고 있다.

> "그 외에 부도덕한 행위가 상례였고 수도원의 부와 수도사의 태타(怠惰)가 심하여 프랜시스와 도미니크 교단도 탁발을 중지하고 모후회태(母后懷胎)[17]의 논쟁을 일삼았고 그들 중에 간혹 엄격파가 있으면 이단으로 몰아 박해했다.[18]"

17 모후회태(母后懷胎)란, 성모 마리아의 임신사건에 대한 논쟁을 의미함.
18 송낙원, 『교회사』, 335.

이러한 사실에 미루어 볼 때, 이 탁발수도원들은 기존 교회와 수도원의 부패에 대한 저항 운동으로 시작되었지만 시간이 지나면서 교회의 부패에 동화되어 갈 뿐만 아니라 안일과 나태 속에서 무익한 논쟁에 빠졌음을 볼 수 있다. 탁발선교회의 타락상에 대해서는 14세기의 무명작가가 지은 운문인 '탁발수도자들에 대한 노래'에 매우 풍자적으로 나타나 있다.

우리가 그의 얼굴만 본다면 그는 굉장히 참회하는 자라네. 그러나 작자는 40년 평생에 탁발 수도자들보다 더 살찐 사람은 본적이 없었다고 말했다네. 사제들, 수도자들, 재속(在俗)사제 등 그 어떤 성직자들이 감히 이 거룩한 탁발 수도자보다 더 헌신적일 수 있을까. 탁발 수도자 중에는 기사도에 헌신하는 자, 난장판 및 상스러운 짓에 헌신하는 자들이 수두룩하다네.[19]

이러한 부패의 모습은 루터와 칼빈의 시대까지 계속되었던 것으로 보인다. 칼빈은 데살로니가후서 3:10-11절을 주해하면서 당시의 성직자들에 대해서 다음과 같이 비난하고 있다.

자기들은 성당에 앉아서 자신들의 권태감을 감추려고 노래하는 것(chant)외에는 빈둥거리면서 막대한 대접을 받는 수도사들과 사제

19 G. R. Evans, 『중세의 그리스도교』, 이종인 역, (서울: 예경, 2006), 138.

들처럼 인류에게 도움이 되는 공동선에 대해서는 전혀 기여하지 않으면서 남의 땀으로 살아가는 자들이다.[20]

칼빈은 당시의 성직자들을 노동을 하지 않는 기생하는 인간으로 보았다. 이런 점에서 볼 때 당시 수도사를 비롯한 교회 성직자들은 노동을 기피하면서 자신을 영적인 사람으로 내세웠지만 실상은 게으른 자이며 거짓된 자들이었다. 이들은 일종의 대규모 거지 떼들로서 심각한 사회적 문제가 되면서 이들을 부양하는 일반시민들에게 부담이 되었다.

중세교회의 '성과 속'에 대한 이분법은 정치적으로 교권과 세속의 권력에 대한 주도권의 싸움으로 번져가면서 더욱 강화되었다. 교회는 세속의 권력을 장악하기 위해서 의도적으로 교회의 권위를 강화시키면서 세속의 가치를 폄하하였다. 이러한 시대적 상황에서 '말씀과 삶의 괴리'를 심각한 문제로 여기기보다는 오히려 이것을 강화시키는 중세교회를 발견하게 된다. 루터는 마태복음 16장 19절[21]과 18장 18절[22]을 근거로 중세 교회의 조작적

20 죤 칼빈, 『사도행전 · 데살로니가전 · 후』 죤 칼빈 성경주석출판위원회 역, (서울: 성경교재간행사, 1985), 520-21.
21 내가 천국 열쇠를 네게 주리니 네가 땅에서 무엇이든지 매면 하늘에서도 매일 것이요 네가 땅에서 무엇이든지 풀면 하늘에서도 풀리리라 하시고(마 16:19)
22 진실로 다시 너희에게 이르노니 너희 중의 두 사람이 땅에서 합심하여 무엇이든지 구하면 하늘에 계신 내 아버지께서 그들을 위하여 이루게 하시리라 (마 18:18)

인 권세에 대해 날카롭게 비판한다. 이 구절의 핵심은 죄 사함에 있는데, 교회는 마치 교황이 세상의 모든 권세를 가지고 있는 것처럼 곡해하면서 그 권세로 백성과 세상을 핍박했다. 루터는 중세교회의 '성과 속'에 대한 이분법은 성경의 근거가 아닌 교회와 교황이 절대 권세를 가지고 백성을 지배하고 정치를 장악하기 위한 헤게모니(hegemony)에 의해 조작된 것임을 비판하고 있다. 이런 시대 상황에서 일반시민들은 노예적인 신분과 삶 속에서 소망 없는 인생을 살 수밖에 없었다.

루터는 이런 중세교회의 교황권의 절대 권력과 교회의 횡포에 대해서 올바른 성경해석으로 개혁을 시도한다. 그의 성경해석은 중세교회의 구원론과 같은 신학적 주제에만 국한하지 않고, 삶 그리고 노동에 이르기까지 신학적으로 재정립한다. 특히 그는 수도원에서 경건의 수단으로만 인식하였던 노동을 신학적 관점에서 '하나님의 문화 창조'임을 주장함으로 그의 종교개혁은 교회의 개혁을 뛰어넘어 세상의 개혁을 향해 나아간다.

나눠봅시다

01

중세 교회의 수도원의 유래는 무엇이며, 이 수도원을 지배하는 사상적 배경은 무엇인가? 특별히 이 사상이 노동과 어떤 관계가 있는가?

02

대표적 수도원은 어느 곳이며, 특별히 베네딕트 수도원의 노동 구호는 무엇이며, 왜 노동을 중요시 했는가? 하지만 어떤 한계를 보여 주었는가?

03

클루니 수도원은 영성을 높이기 위해 노동을 어떻게 이해했는가? 그리고 클루니 수도원 몰락의 원인은 무엇인가?

04

프랜시스와 도미니꼬 교단의 공통점은 무엇이며, 이들은 각각 어떤 특색을 가지고 있었는가? 또한 노동에 대해 어떤 이해를 가졌는가?

05

중세 말기에 이르러 수도사들이 사회에 끼친 패악은 무엇이며, 당시 중세 교회는 어떤 일에 집중했는가? 이로 인해 일반시민들의 삶은 어떠했을까?

3장

루터의 성경적
노동 이해

루터와 그 시대의 경제 상황

노동은 경제와 밀접한 관계를 가진다. 루터 시대의 경제상황을 이해할 때, 왜 그의 성경적 노동관이 중세교회를 무너뜨리는 종교개혁운동이 되었는지 알 수 있다. 이 시대에 대해 이은선은 "일반적으로 르네상스와 종교개혁은 중세에서 근대로 이행하는 과도적인 단계로 이해되고 있다. 아직은 중세적인 체제와 사고에서 분명하게 벗어나지 못했으나, 중세가 붕괴하면서 새로운 체제로의 변혁을 모색하던 시기였다"[23]고 말하고 있다. 이 시기는 종교적인 문제뿐만 아니라 정치와 경제적으로도 변혁의 시기였다. 십자군 전쟁을 통해서 각 나라의 제후들은 자기 나라의 군대를 가지면서 자연스럽게 신성 로마황제로부터 벗어날 정치적 힘을 가지게 되었다. 또한 경제적으로 유럽은 동방과 원거리 무역을 통해서 경제가 활성화되기 시작하였다. 이러한 점에서 종교개혁의 시점은 중세가 무너지는 상황이었다. 이처럼 중세가 무너지는 결정적인 이유는 교회의 무리한 십자군 전쟁 때문이었다. 십자군 전쟁의 목표인 예루살렘의 정복 실패로 중세를 지배해 왔던 교황과 교회의 권위가 추락하게 되었다. 또한 경제적으로 국제무역이 활발하게 이루어지면서 중세의 상징인 장원경제가 몰락하고 상업 자본주의가 형성되어가고 있었다. 이런 과정에서 농

---

23 이은선, "칼빈과 청교도의 경제윤리,"「개혁신학회논문집」6 (2010, 6), 141.

민은 농노로부터 해방되어 점차 자유시민이 되어가고 있었다. 이러한 시대적 상황은 실제적 경제활동인 노동 가치에 대한 새로운 인식을 요구하고 있었다. 이에 따라 중세교회의 '성과 속'의 분리에 따른 종교적 인식과의 충돌은 불가피한 것이었다.

루터가 종교개혁운동을 일으켰던 중심 지역은 독일의 비텐베르크(Wittenberg)였다. 비텐베르크는 농업중심지로서 아직 변화에 익숙하지 않은 도시였다. 그러나 이곳에도 중세의 봉건주의로부터 벗어나려는 흐름이 있었다. 그는 이러한 시대적 상황 속에서 노동의 가치를 새롭게 인식하였다. 그는 개인적으로 농부의 생활을 예찬하였는데, 이들의 땀 흘리는 삶을 하나님이 원하는 신앙생활의 대표적 상징으로 보았기 때문이다. 이러한 루터의 경제에 대한 관심에 대해 손규태는 다음과 같이 말하고 있다.

루터는 종교개혁 초기부터 경제문제에 대해서 깊은 관심을 가졌었는데 그것은 어떤 일반적 경제이론을 제시하려는 목적에서 출발하지 않고 철두철미 당시 가톨릭 신학의 경제관에 대한 반제에서 출발하고 있다. 그 비판의 출발점은 두 가지 방향에서 볼 수 있다. 하나는 제도권 교회의 신학노선인 스콜라주의자들의 중세봉건체제 지향적 경제관에 대한 비판이고 다른 하나는 여기에 병행대립해서 움직였던 수도원적 사상과 운동에 대한 비판이다. · · · 루터는 그리스도인들의 경제생활의 기본원리를 아리스토텔레스의 전통에 따라 인간의 경제활동은 오직 기본욕구의 충족에 두어야 한다는 이론과 예수의 산상설교의 가르침으로 본다.[24]

루터가 종교개혁 초기부터 경제문제에 관심을 가졌다는 것은 놀라운 일이다. 이런 점에서 본다면 그의 종교개혁은 신학뿐만 아니라 실제적인 삶에 대한 개혁적 의지가 있었음을 알 수 있다. 그의 경제이론은 중세교회의 중세봉건체제 경제관과 노동을 기피하는 수도원 운동에 대한 비판으로부터 시작되었다. 하지만 그는 여기에 그치지 않고 예수의 산상수훈에 기초한 이웃사랑을 통한 가난이 없는 공평한 사회를 지향하였다(마 5:40). 그는 노동이 교회와 제후를 위한 봉사가 아닌 노동하는 각 사람의 삶과 그가 속한 공동체의 풍요에 이바지해야 한다고 생각한 것이다. 이러한 점에서 그의 경제사상은 예수의 산상수훈에 기초한 풍요로운 공동체를 지향하는 새로운 경제관을 주장하고 있음을 알 수 있다.

결론적으로 루터의 경제정책은 중세교회의 경제관에 대한 비판에 멈추지 않고 인간의 기본욕구의 충족과 함께 풍요로운 세상을 이루는데 있다. 그리고 이를 위해 성경적 경제개혁 사상을 바탕으로 한 온건한 경제정책을 폈다. 그의 경제정책은 칼빈을 비롯한 종교개혁자들의 경제정책의 근간이 되었을 뿐만 아니

---

24 손규태, 『마르틴 루터의 신학사상과 윤리』(서울: 대한기독교서회, 2004), 248.

라 근대민주주의의 근간이 되었다. 이처럼 그의 종교개혁은 신학적 개혁에 머무르지 않고 실제적인 삶의 기반인 경제적 개혁이 수반되었기에 대다수의 민중들의 폭발적인 지지를 얻게 되었고 이것이 종교개혁을 성공으로 이끄는 힘이 되었다. 그렇다면, 그의 개혁적 '노동영성'을 뒷받침하는 그의 성경적 이해와 내용은 무엇인가?

루터의 노동 이해에 대한 성경적 근거

루터의 종교개혁 운동을 일으켰던 구호는 '오직 성경'이다. 이러한 사실은 루터의 '노동영성'이 개인 사상이 아니라 철저하게 성경적인 근거를 가지고 있음을 말한다. 루터가 '오직 성경'만을 강조한 것은 성경 연구를 통한 회심의 체험과 깊은 관계가 있다.[25] 그는 성경에 기초하여 자신의 회심부터 교회뿐만 아니라 세상의 모든 영역을 성경적 관점으로 바라보았다. 그렇다면 루터의 노동에 대한 성경적 이해는 무엇인가?

25 루터는 비텐베르크 대학에서 로마서와 시편을 강의 하던 중에 행위가 아닌 믿음으로 구원받는다는 사실을 깨닫고 구원의 확신을 가지게 되었다. 그는 이 구원관을 통해 중세교회의 잘못된 성경의 가르침을 깨닫고 새롭게 성경연구에 몰두했으며, 그 결과로 신학뿐만 아니라 노동에 대한 개혁적 인식을 가지게 되었다.

– 노동하시는 삼위일체 하나님 (요 5:17)

신앙의 대상은 삼위일체 하나님이시다. 하나님에 대한 인식에 따라서 신앙과 삶의 형태가 결정된다. 루터는 삼위일체 하나님을 노동하시는 분으로 인식하고 있다. 루터는 "예수께서 그들에게 이르시되 내 아버지께서 일하시니 나도 일한다 하시매(요 5:17)"를 그의 저서 『그리스도의 자유』에서 다음과 같이 주해하고 있다.

> 아버지이신 하나님은 말씀에 의해서 온갖 피조물의 창조를 시작하고 또 완성하셨습니다. 그리고 말씀에 의해서 그것들을 언제까지나 유지하십니다. 그만 두자고 생각할 때까지 창조의 일은 유지됩니다. ··· 주님이 끊임없이 움직여 주시지 않으면 태양도 하늘에 머물지 않아 빛을 잃게 됩니다. 아이는 태어나지 않습니다. 씨앗도 풀도 자라지 않습니다. 영원히 일하시는 창조주와 함께 일해 주시는 성자와 성령이 손을 떼시면 모든 것은 순식간에 멸망하고 맙니다.[26]

여기에서 루터는 삼위일체 하나님의 노동이 온 우주와 인간의 창조의 근원이며 또한 생명 보존의 근원임을 말하고 있다. 이

26 Luther, 추인애 역, 『그리스도인의 자유/루터 생명의 말』 (서울: 동서문화사, 2010).119.

러한 점에서 그에게 하나님이란 '노동하시는 신' 이시다. 여기에서 그는 현재에도 우주가 자연적으로 순행하고, 인간의 생명이 보존되는 것은 '하나님의 노동' 때문이라고 말한다. 그의 '노동하시는 신' 으로서 삼위일체 하나님에 대한 주장은 '성과 속' 의 이분법을 금과옥조(金科玉條)로 여기는 중세교회의 신학과 전통에 대한 강력한 비판을 담고 있다. 창조주이신 하나님이 자신의 노동으로 인간을 만들고 세상을 섭리 가운데 운영하시는데 어찌 피조물인 인간이 아무리 교황이고 수도사라고 할지라도 노동하지 않으며 천시할 수 있겠는가?

– 인간의 하나님 형상과 하나님의 문화명령 (창 1:26–28; 창 2:15)

하나님은 인간을 자신의 형상을 따라 만드셨다. 그리고 하나님은 인간을 자연계의 통치자로 세웠는데, 이 통치는 권면이 아니라 명령으로서 주었다. 이에 따라 인간은 이 통치권을 가지고 하나님이 주신 '문화명령' 을 수행해야만 했다. 그렇다면 아담과 이브는 어떻게 이러한 문화명령을 수행하였는가?

만일 우리가 탁월한 철학자를 찾는다면 아직 죄로부터 자유로웠던 최초의 부모를 간과해서는 안된다. 그들은 가장 완전한 하나님의 지식을 가지고 있었다. 왜 그들은 스스로 안에 가지고 있고 또 느끼고 있는 하나님의 형상을 모르겠는가? 게다가 그들은 별과 천문학

전체에 대한 가장 신뢰할만한 지식을 가지고 있었다.[27]

루터는 아담과 이브의 문화명령을 위한 수행도구는 인간의 경험에 의해 만들어진 지식이 아닌 '하나님의 형상으로부터 나오는 하나님을 아는 지식'을 사용했다고 주장하고 있다. 이 지식은 하나님만을 아는 신앙적인 것에 머물지 아니하고 자연계의 속성을 파악하며 또한 경작을 하는 능력이 된다. '하나님의 형상'으로서 인간의 참된 모습은 '하나님을 아는 지식'을 수반한 '문화명령'을 수행하는데서 발견된다고 할 수 있다.

이러한 '문화명령'에 대해서 루터는 창세기 2장 15절 "여호와 하나님이 그 사람을 이끌어 에덴동산에 두사 그것을 다스리시며 지키게 하시고"에서 구체적으로 말하고 있다.

그때 아담은 하나님에 의해 의롭고 복되며 죄 없는 존재로 지음을 받았으므로 자신의 경작과 보존(행위)을 통해 경건하고 의롭게 될 필요가 없었다. 그러나 하나님께서는 그가 태만해지지 않도록 그로 하여금 낙원에 식물을 심고 낙원을 경작하며 낙원을 지키는 일을 하게 하셨다.[28]

---

27 American Edition of Luther's Works (Philadelphia and St, Louis, 1955), 1. 66. 이후에는 LW로 생략함.
28 Luther, 『그리스도인의 자유』, 193.

여기에서 루터는 노동을 곧 낙원의 '문화명령'(창 1:28)과 연계하고 있음을 알 수 있다. 그는 이 문화명령이 구체적으로 낙원을 경작하고 보존하는 것임을 말하고 있다.[29] 낙원은 인간의 경작과 보존을 통해서 완전하게 발전하는 나라이다. 인간은 하나님의 지으신 동산에서 먹고 마시기만 한 것이 아니라, 노동을 통해서 하나님이 기뻐하는 완전한 동산으로 발전시키는 사명을 받

[29] 손석태는 창세기 2장 15절의 "경작하고 보존하다"를 아담의 할 일이 동산을 경작하는 것이라 해석한다. 아담이 손으로 흙을 파고 땀을 흘리는 노동을 해야 한다는 것이다. 그래서 노동은 창세 때부터 하나님이 사람을 위하여 정하신 창조규정(creation ordinance)이요, 숙명이다. 하나님이 만드신 낙원(paradise)은 사람이 빈둥거리며 한가로이 소일하는 곳이 결코 아니다. 그래서 성경은 일하기 싫어하거든 먹지도 말라고 가르치며(살후 3:10-12), 기독교 윤리는 정당한 노력의 대가를 지불하지 않는 소득은 불의의 삯으로 규정하는 것이다. 그러나 아바드(עבד)라는 말은 "섬기다"(to serve)는 뜻도 지니고 있다. 이 말은 종교적인 문맥에서는 하나님을 예배한다는 뜻(출 3:12; 4:23; 7:16, 26; 신 4:19 ; 시 22:31; 욥 21;15; 말 3:14 등)과, 레위인들이 성막을 돌본다는 의미로 쓰인다(민 3:7-8; 4:23-26. 27). 또한 "지킨다"는 히브리어 사마르(שמר, to keep)도 부정한 것으로부터 깨끗하게 지킨다든가(민 4:9; 30:31) 혹은 율법이나 계명을 준수한다(민 17:9; 레18:5)는 의미로 쓰이고 있어 이 역시 종교적인 의미로 쓰이고 있음을 볼 수 있다. 더구나 동산을 위협하는 외부의 적대적인 존재가 없다는 것을 고려한다면 "지키다"는 말은 보다 종교적인 의미로 쓰였다고 볼 수 있다. 그렇다면 사람의 사명은 동산을 경작하고 그를 만드신 하나님을 예배하는 것이라고 할 수 있다. 특히 그의 계명을 지키는 것이다. 손석태, 『창세기 강의』(서울: ESP, 2001), 41-42. 손석태는 에덴동산에서 인간의 사명은 경작을 통해서 자신의 생계뿐만 아니라 문화명령을 성취하는 곳이며 또 신앙적으로 하나님의 계명에 순종함으로 사단의 침입을 막고 하나님을 예배하는 동산을 건설하는데 있다고 보았다. 우리는 여기에서 인간이 성취해야 할 하나님의 나라는 물질의 풍요를 통해서 사람이 만족하는 세상이 아니라 하나님을 예배하며, 그의 뜻대로 살아가는 나라임을 알 수 있다.

앗다. 하나님의 뜻에 따른 이러한 노동은 인간으로 하여금 하나님의 형상으로서 존재의미를 가지게 하며, 또한 이상적인 낙원을 건설함으로 인생의 목적과 행복을 얻게 하였다. 이러한 점에서 노동하시는 하나님은 인간을 노동하는 존재로 창조하셨으며, 인간은 노동을 통해서 '하나님의 형상'으로서 삶의 의미를 가지게 하셨다.

또한 루터는 '노동'과 반대되는 개념으로서 '나태'는 '하나님의 형상'으로서 인간다움을 상실케 하는 심각한 죄로 보았다. 그래서 그는 '나태'는 아무리 무죄 상태의 인간일지라도 용납할 수 없는 문제임을 말하고 있다. 이러한 나태에 대한 또 다른 언급은 "부지런하여 게으르지 말고(롬 12:11)"의 주석에서 "나태한 자를 미워하지 않는 자도 스스로 그와 같은 일을 행하고 있는 자이다"라는 비난에서도 나타나고 있다. 노동을 외면하는 '나태'에 대해서 그는 극도의 혐오감을 가지고 있다. '나태'는 중세교회에서 규정하고 있는 7대 죄악 중의 하나일 뿐만 아니라,[30] 하나님이 거룩하게 여기시는 노동을 속되게 만들었기 때문이다(행 11:9).

결론적으로 루터에 의하면 인간은 하나님으로부터 노동하는 존재로서 피조 되었으며, 노동을 통해 지상에서 하나님 나라를 지속적으로 건설하는 사명을 받았다는 것이다. 이것이 하나님의

---

30 중세교회가 규정한 7대 죄악은 오만, 식탐, 질투, 색욕, 탐욕, 나태, 분노이다.

형상을 소유한 인간의 참된 모습이다. 그러나 중세교회는 나태를 종교적인 의미로 미화시킴으로 '하나님의 형상'을 포기할 뿐만 아니라 지배계층을 위해 노동자를 착취함으로 악을 고착화시키는 행위를 하고 있었다. 이러한 면에서 루터는 하나님 앞에서 신앙과 삶에서 벗어난 중세교회에 대해 분노하지 않을 수 없었다.

– '성과 속'을 초월하는 노동(창 3:16–19; 시 146:13; 사 26:12)

루터의 노동은 '성과 속'을 초월하는 개념으로서 나타나고 있다. 성경에 나타난 노동에 대한 첫 부정적인 언급은 창세기 3:16–19절에 나오고 있다. 루터는 이 말씀에 대해서 다음과 같이 주해하고 있다.

인간이 죄를 짓기 전에 공기는 훨씬 신선하고 물은 더욱 영양이 넘쳤을 것이라는 것에 의심할 것이 없다. 그렇다. 태양의 빛은 더욱 아름답고 깨끗했을 것이다. 이제 전체 피조계는 모든 부분에서 인간의 죄의 영향을 받고 저주 가운데 남아있다. 그럼에도 불구하고 땅은 하나님의 진노로 뿌린 가시나무와 엉겅퀴와 무용하고 해로운 나무와 열매 그리고 채소로 망쳐질지라도 힘든 노동으로 우리의 삶

에 필요한 것들을 생산하도록 강요받고 있다.[31]

죄를 짓기 전에는 어떤 고통도 없었다. 만일 아담이 죄를 짓지 않았다면 땅은 씨를 뿌리지 않고 경작하지 않아도 모든 것을 생산하였을 것이며, 사람이 소망하는 것보다 더 빠르게 생산하였을 것이다.[32]

마침내 남편이 죄를 지음에 따라 징벌이 그에게 영향을 주었다. 하나님의 위협은 출산의 고통에만 관한 것이 아니다. 남자는 고통 없이 자신의 몸에서 사단의 독에 의해서 격한 욕망을 불태우게 되었다. 그러나 그의 위치는 가족을 부양하고 지배하고 가르치고 하는 모든 일에 대한 책임을 가지게 되었다. 이것은 특별한 고통과 힘든 노력이 없이는 할 수 없는 일로서 하나님의 분명한 심판이다.[33]

루터는 하나님의 인간 창조의 목적을 에덴동산에서 문화명령을 수행하기 위한 것으로 인식했다. 죄가 들어오기 전의 자연은 인간에게 필요한 모든 것을 스스로 생산하였다. 육체를 가진 인간의 주요 노동력은 자연을 하나님의 영광을 선포하는 동산으로 건설하는데 사용되었다. 그러나 인간이 죄를 짓고 타락함으

31 LW 1. 204-05.
32 LW 1. 205-06.
33 LW 1. 203.

로 인해 노동은 이제 생존과 생계를 채우기 위해서 집중되었고, 여기에 하나님이 주신 즐거움과 감사가 아닌 고통이 추가되었다. 여기에서 그는 죄로 인해서 노동이 변질된 것을 발견했다. 본래의 노동의 핵심은 하나님의 뜻을 수행하는 즐겁고 거룩한 것이었다. 인간 자신의 생계를 위해서 하는 노동조차도 '문화명령'에 속한 것으로서 즐거운 것이었다. 그러나 죄로 인해서 노동은 고통스러운 것이 되었으며, 노동의 핵심은 하나님나라의 건설이 아닌 자신의 생계를 위해서 사용되어야만 했다는 것이다.

우리는 여기에도 '하나님의 은혜'가 있음을 발견한다. 죄로 인해 노동에는 고통이 수반되었지만 하나님은 이것을 통해 인간의 생존에 필요한 식량을 공급해 주시겠다는 약속을 하고 있기 때문이다. 노동은 죄 지은 인간이 죽지 아니하고 살 수 있도록 하나님이 허락한 '은혜의 수단'이다. 특히 루터는 죄의 고통이 농사뿐만 아니라 삶의 모든 분야에 임했다고 말한다. 하지만 그는 고통이 있다고 해서 노동을 속된 것으로 여기지 않는다. 이 고통 속에서 인간은 자신의 생계뿐만 아니라 하나님의 일도 한다는 것이다. 그는 아담이 그 자손들에게 감당했던 신앙교육조차도 많은 고통 속에서 수행되었다고 말하고 있다. 실제로 오늘날에도 대부분 부모가 자녀에게 신앙을 가르치는 것은 어떤 일보다 힘들지 않은가? 그는 하나님의 자녀들에게 노동이란 죄와 저주의 고통 속에서도 여전히 주요한 하나님의 일의 수단으로 보았다. 특별히 부모로서 자녀를 위한 신앙교육을 대표적인 하나님의 일을 위한 거룩한 노동으로 예시하고 있다.

　루터는 사단의 머리를 깨뜨리는 구속자 예수 그리스도에 의한 구원과 해방이 노동의 사라짐을 의미하는 것은 아니라고 했다. 죄의 대가로 주어진 노동의 고통은 아담 이래로 종말의 날까지 인간의 삶에 여전히 지속된다는 것이다. 그러나 예수 그리스도를 통한 부활과 영원한 생명을 향한 소망은 우리로 하여금 노동의 목적이 나의 욕망의 만족이 아니라 하나님나라를 위한 헌신으로 나아가게 한다. 즉 예수 그리스도의 종말론적 소망은 노동의 저주인 고통 속에서조차 노동의 본래의 목적인 하나님나라 건설의 수단으로 사용된다. 그리고 종말의 날에 예수 그리스도에 의해서 노동의 의미는 온전하게 회복되며, 죄의 저주인 고통으로부터 해방될 것을 말한다. 이런 점에서 노동에 고통이 있다고 해서 '속된 것'이라고 할 수 없다. 노동은 여전히 하나님이 명하신 '성스러운 것'으로서 죄로 인해 다만 고통스러워졌을 뿐이다. 하지만 하나님은 이 고통 속에서도 여전히 거룩함을 보존하고 계셨다. 이 고통은 죄의 대가로서 종말의 날에 비로소 해결된다.

　루터는 노동이야말로 하나님이 기뻐하시는 거룩한 행위라고 말한다. 비록 노동은 인간의 죄로 말미암아 고통이 추가 되면서 하나님의 영광이 아닌 인간의 생계와 만족을 위해서 사용되는 변질의 요소가 나타났다. 그러나 성경은 일관되게 노동이 창조 시부터 현재까지 하나님의 창조의 섭리역사 가운데 하나님나라의 건설을 수행하고 있음을 주장하고 있다. 이런 점에서 노동은 하나님이 인간에게 주신 거룩한 수단이다.

중세교회는 그리스 철학과 토마스 아퀴나스의 신학 그리고 교회의 정치적 교권을 바탕으로 '성과 속'의 이분법을 만들었다. 이에 대해 루터는 성경에 근거해서 이들의 신학적 주장은 교회 정치를 위해 조작된 것임을 드러내며 비판하고 있다. 이것을 발견한 루터는 중세교회에 대한 분노와 함께 이를 종교개혁의 대상으로 삼지 않을 수가 없었다.

– 신분과 계급을 초월하는 노동 (엡 6:7; 롬 12:4-5)

중세교회가 '성과 속'의 이분법을 주장하였다면, 정치적으로는 '권세자와 백성'이라는 이분법이 존재하였다. 권세자는 정치적으로는 황제와 귀족들이며, 종교적으로는 교황과 성직자들이다. 반면 백성들은 노동에 의지해서 살아가는 일반시민들이다. 권세자들은 일을 하지 않는 것을 자신들의 특권이자 자랑으로 여겼고, 백성들은 노동을 자신들의 삶의 비천함으로 여겼다. 이러한 점에서 노동은 권세자와 일반백성을 나누는 신분과 계급의 기준이었다. 하지만 루터는 노동을 신분과 계급을 초월하는 거룩한 일로 보았다. 이에 대한 루터의 이해는 "기쁜 마음으로 섬기기를 주께 하듯 하고 사람들에게 하듯 하지 말라(엡 6:7)"라는 주해에서 명확하게 나타나고 있다.

하나님은 여러 가지 직업과 지위를 필요로 하십니다. 그러므로 많은 다른 선물을 주시고, 우리가 서로에게 필요하도록 정하셨습니다. 왕이나 귀족, 지배자들도 목사·설교자·교사·농민·기술자들이 없으면 도대체 어떻게 되겠습니까? ··· 하나님은 당신이 주인인지, 하인인지, 남편인지, 아내인지와 같은 것은 문제 삼지 않으십니다. 어디서나 당신이 부름을 받은 상태에 머물기 바랍니다. 그리고 당신의 이웃에게 봉사함으로써 하나님에게 봉사하는 것을 배우기 바랍니다.[34]

루터는 하나님의 부르심 속에서 직접 육체노동을 하는 농민이나 기술자뿐만 아니라 정신적이며 영적인 노동을 요구받는 왕이나 귀족 그리고 사제들이 세워진다고 말한다. 이러한 소명은 하나님에 의해 세워졌기 때문에 노동이 신분을 결정하는 기준이 되어서는 안 된다고 말한다. 이러한 그의 사상은 『독일 크리스챤 귀족에게 보내는 글』에 나타난다. 그는 이 책에서 "우리가 한 몸에 많은 지체를 가졌으나 모든 지체가 같은 기능을 가진 것이 아니니 이와 같이 우리 많은 사람이 그리스도 안에서 한 몸이 되어 서로 지체가 되었느니라(롬 12:4-5)"라는 말씀을 다음과 같이 주해하고 있다.

34 Luther, 『그리스도인의 자유/루터 생명의 말』, 465.

이 모든 것에서 그들이 말하는바 평신도와 사제, 군주와 주교, '영적인 것'과 '세속적인 것' 사이에는 실제로 직무와 일에 관한 것 이외에 아무 차이도 없다. 그들에게 '신분'의 차이는 전혀 없다.[35]

이러한 루터의 주장을 살펴 볼 때, 노동은 하나님이 주신 신성한 것이며 결코 신분과 계급의 차이를 결정하는 기준이 되어서는 안 된다. 더 나아가 노동은 신분과 계급을 뛰어넘는 거룩한 하나님의 일이다. 그렇다면 직업과 노동이 다양한 이유는 무엇인가? 그것은 인간의 세상의 질서와 조화 그리고 서로의 유익을 위한 것이다. 따라서 노동이라는 것은 자신의 유익이 아닌 서로의 유익을 위해 봉사할 때 의미가 있다. 농부는 농사의 일로, 정치인은 정의를 실행함으로 그리고 사제들은 영적인 섬김을 통해서 서로에게 유익을 주어야 할 책임과 의무가 있는 것이다. 이런 면에서 루터는 "모든 사람은 그리스도 안에서 한 몸과 한 지체"라는 사도 바울의 성경적 유기적 사랑의 관계를 주장하고 있다. 이러한 점에서 그의 노동의 이해는 중세의 뿌리 깊은 계급과 신분을 초월하는 노동영성을 제시하고 있다.

---

35 Luther, 「루터의 정치사상」, 63.

– 노동의 거룩성 (출 20:8)

루터는 그의 저서 『마틴 루터의 기도』에서 "안식일을 기억하여 거룩하게 지켜라(출 20:8)"라는 말씀을 다음과 같이 주석하고 있다.

나는 이 계명으로부터 무엇보다 안식일은 게으름이나 세상의 즐거움을 탐닉하도록 제정된 게 아니라는 사실을 깨달았네. 우리는 안식일을 거룩하게 지켜야 하네. 그런데 그날은 우리의 일이나 행위로 성별되지 않는다네. 우리가 처리하는 일들은 거룩하지 않다네. 전적으로 정결하고 거룩한 하나님의 말씀으로 가능할 뿐이라네. 그 말씀은 접촉하는 모든 것을 거룩하게 만든다네. 그것은 시간, 장소, 사람, 노동, 휴식을 가리지 않는다네. 디모데전서 4장 5절에서 모든 피조물이 말씀과 기도로 거룩해진다고 말한 사도 바울에 따르면, 우리의 노력은 말씀을 통해 거룩해지는 걸세. 그러므로 나는 안식일에 무엇보다 하나님의 말씀을 듣고 묵상해야 한다고 생각하네.[36]

루터는 이 제 3계명의 주석 속에서 안식일을 핑계로 게으름이나 쾌락의 탐닉을 엄히 경계하고 있다. 특히 그는 안식일에 부

---

36 Luther, 『마틴 루터의 기도』, 33-34.

지런한 자세로 하나님 말씀의 묵상을 강조하고 있다. 우리는 여기에서 루터의 새로운 노동관을 볼 수 있는데 그것은 말씀을 통해서 우리의 예배뿐만 아니라 휴식과 노동도 거룩해진다는 것이다. 여기에서 우리는 그가 주장하는 노동의 신성함은 노동 자체에 있는 것이 아니라 '말씀과 어떤 관계가 있느냐?'에 따라 결정된다는 것을 알 수 있다.

이러한 말씀 중심적 노동관에 따라 루터는 비록 교황이나 주교들, 전도자와 수사들의 직무라도 그 행위가 말씀과 거리가 먼 것이면 강도질과 수전행위 또는 매춘행위로 여겼으며, 반면에 말씀과 가까이 있을 때 남편이나 아내 소년과 소녀, 주인과 종 그리고 사형집행인들을 포함한 모든 인간의 질서들은 거룩하고 귀한 것으로 여겼다. 결국 노동이 하나님 앞에서 거룩하기 위해서는 노동하는 사람은 사제와 마찬가지로 말씀의 사람이 되어야만 한다. 이러한 그의 노동관은 '오직 성경'의 기치를 내세운 루터의 종교개혁사상을 반영한 것이다. 이것은 직업의 선택에도 적용된다. 직업을 선택할 때, 그리스도인은 세속적 가치나 이기적인 이유가 아닌 하나님 말씀의 감동과 순종 속에서 결정해야 한다는 것을 말한다. 말씀은 성도가 성경과 예배와 기도 그리고 교제를 통해서 받는 것이지만 이것은 하나님으로부터 나오는 것이며, 또 다른 면에서 하나님의 부르심이다. 이런 점에서 말씀과 관계를 맺는 노동이란, 하나님의 부르심을 의미하는 소명(Calling)이라고 할 수 있다.

그렇다면 말씀에 의한 거룩한 노동이란 무엇인가? 일반적으로 사람들은 듣기 좋은 말씀에 은혜의 반응을 나타내는 경향이 있다. 그러나 이것은 자기유익에 기초한 것이지 하나님이 주신 말씀이라고 보기가 어렵다. 예수께 임한 하나님의 말씀은 십자가의 길에 대한 요구였다. 루터 역시도 성경연구 중에 발견한 '이신칭의'의 구원의 도리는 그로 하여금 종교개혁이라는 십자가의 길을 걷게 했다. 모든 신자에게 임하는 하나님 말씀은 세속의 만족과 성공을 약속하기보다는 자기를 부인하는 것이며 십자가의 고난을 요구하는 은혜이다. 말씀을 통한 거룩함이란, 말씀을 통해서 삼위일체 하나님과 만나는 것이며 실제적인 삶은 십자가의 길을 통해서 예수님의 사랑을 증거하며 자신을 나누는 삶이다. 바로 여기에서 루터의 독특한 직업관인 소명의 사상이 나온다.

이러한 점에서 직업을 구하는 기독청년들은 우선권을 세상이 인정하는 좋은 직장을 찾는 것에 있는 것이 아니라, 성경을 읽고 묵상하면서 하나님이 나의 인생에 두신 뜻과 소명을 찾아야 한다. 매일 일자리를 검색하기보다는 하루의 첫 시간을 말씀과 기도로 시작하면서 하나님 앞에서 세상에 나갈 준비를 하는 것이 중요하다. 대부분 청년들은 직업이 없는 자신의 상황에 실망하면서 이 같은 신앙의 기본적인 일을 외면하고 있다. 먼저 하나님께 내 삶을 드리고자 하는 결단이 있을 때, 하나님께서 나의 갈 길도 선명하게 보이신다. 하나님 말씀과 기도 속에서 우리의 삶 전체가 거룩할 뿐만 아니라 나의 취업과 노동이 거룩한 하나님나라를 이루기를 소망해야 한다.

– 노동의 목적 (마 19:19; 막 12:29-31)

선행이 우리 자신을 의롭게 하는 것도 아닌데, 왜 성도는 이것을 적극적으로 추구해야만 하는가? 이에 대해 루터는 다음과 같이 말하고 있다.

> 우리의 모든 행위들은 타인들의 유익에로 지향되어 있어야만 한다는 것이다. 왜냐하면 (그리스도인)각자는 자기의 신앙을 통해 너무나 부요하게 되었으므로 (그의) 모든 다른 행위들과 (그의)전 삶은 (이제)기꺼운 호의로 이웃을 섬기고 이웃에게 선을 행하기 위해 가지는 여분의 것이기 때문이다.[37]

루터는 노동의 목적이 자신의 생존 수단이거나 만족을 얻기 위한 것이 아니라 이웃에게 유익을 주기 위한 것, 즉 이웃사랑을 실천하기 위한 것임을 말하고 있다. 루터는 아주 조심스럽게 "이웃을 내 몸과 같이 사랑하라(마 19:19)"는 말씀에 대한 전통적인 해석인 "자기 자신에 대한 사랑이 이웃에 대한 사랑의 척도"

37 Luther, 『그리스도인의 자유』, 99.

라고 말하는 것은 근거가 없는 것으로 비판한다. 그는 "믿음이 강한 우리는 마땅히 연약한 자의 약점을 담당하고 자기를 기쁘게 하지 아니할 것(롬 15:1)"에서 다음과 같이 자신의 새로운 해석을 주장하고 있다.

이 말씀은 우리가 잘못되고 이기적인 방식으로 자신을 사랑하고 있기 때문에, 우리가 자기를 사랑하기를 그치고 자신을 완전히 잊어버린 채 이웃을 사랑하기 시작하기 전에는 그러한 잘못된 자기 사랑에서 벗어날 수 없다는 것을 우리에게 가르친다. 이러한 자기 사랑의 죄악된 성격은 우리가 모든 사람들로부터 사랑받기를 원하고 모든 것들 속에서 자기 자신의 것을 추구하는 데서 드러난다. 고린도전서 10장 33절에서 사도는 "나와 같이 모든 일에 모든 사람을 기쁘게 하여 자신의 유익을 구하지 아니하고 많은 사람의 유익을 구하여 그들로 구원을 받게 하라"고 명령함으로 참된 그리스도의 사랑이 무엇인지를 보여준다.[38]

루터는 이 주해에서 전통적인 해석인 '이웃사랑'의 원천으로서의 '자기 사랑'을 거부하고 오히려 그것을 인간의 죄악된 본성으로서 규정한다. 그는 "현실을 하나님 말씀과 성경에 복종시키는 것은 대단한 것이다. 이런 일은 모든 세속적인 것들에

---

38 Luther, 『루터의 로마서 주석』, 263-64.

대해서 죽은 사람들만 할 수 있다"[39]라고 말한다. 그러면서 그는 하나님 말씀을 경청하는 참된 그리스도인은 "너희 중에 누구든지 자기의 소유를 버리지 아니면 능히 내 제자가 되지 못하리라"(눅 14:33)와 "세상 물건을 쓰는 자들은 다 쓰지 못하는 자 같이 하라(고전 7:31)"는 말씀을 인용하면서 "세상 것을 버리는 사람만이 하나님께 헌신하는 사람"[40]이라고 말하고 있다. 이상을 살펴 볼 때, 루터는 노동의 목적을 '이웃사랑'이라고 규정한다. 그리고 이것은 하나님 말씀 가운데 자기를 버리는 것이며, 또한 하나님에 대한 온전한 헌신으로부터 나온다고 말하고 있다. 이런 그의 주장은 예수님이 십계명을 요약하신 "하나님 사랑과 이웃사랑(막 12:29-31)"의 말씀과 일치한다.

지금까지 루터의 성경주해에 나타난 노동의 이해를 살펴보면, 하나님은 노동하시는 분으로서 인간을 노동하는 존재로 창조하셨다. 하나님은 인간에게 에덴동산에서 '문화명령'을 통해 완전한 낙원을 건설하는 사명을 주셨다. 그러나 인간은 타락으로 인해 땀과 고통을 수반하는 노동의 저주를 받게 되었다. 하지만 이것도 우리는 노동이 인간을 생존케 하시는 하나님의 은혜의 명령임을 알 수 있다. 죄는 본래적 노동의 변질을 가져왔는데, 그것은 노동이 하나님의 뜻에 따라 '문화 명령'을 수행하는 것이 아닌 자신의 필요와 욕망을 채우는 수단으로 강화되었다

39 Ibid., 266.
40 Luther, 『루터의 로마서 주석』, 266.

는 점이다. 하지만 이런 변질 가운데서도 일관되게 노동은 여전히 하나님이 인간에게 주신 거룩한 명령으로서 고통 속에서 생계뿐만 아니라 하나님의 일을 하는 도구였다. 이런 점에서 노동은 죄로 오염된 세상에서 여전히 유용한 가치가 있지만 하나님의 영광을 드러내는 데는 한계가 있다. 그래서 그는 이 노동이 하나님의 말씀과의 접촉과 그리스도와 연합 그리고 하나님에 대한 온전한 사랑 속에서 본래의 신성함이 회복되며, 하나님의 영광을 나타내는 거룩한 도구가 되는 것으로 보았다. 결론적으로 루터는 노동의 의미가 예수 그리스도에 의해서 온전히 회복되며, 동시에 이 노동의 고통은 종말론적으로 예수 그리스도에 의해 자유롭게 된다는 것을 말하고 있다. 이런 점에서 노동을 세속적 삶의 수단으로서만 바라보았던 중세의 노동관과 루터의 노동관이 확연하게 다른 것이다.

루터의 종교개혁의 구호인 '오직 성경'과 '이신칭의'의 교리는 그의 성경적 노동관에서도 잘 나타나고 있다. 중세교회는 성경을 하나님을 아는 지식과 종교예식 그리고 선행에 대한 가르침, 즉 종교적 영역에만 제한시켰다. 그러나 그는 이러한 중세교회의 종교적 인식을 뛰어넘어 성경을 우리의 삶에 깊이 관여하게 하고 더 나아가 하나님이 기뻐하는 삶으로 이끌어가는 실제적인 은혜의 능력으로 보았다. 이것은 시대를 뛰어넘는 놀라운 인식이다. 예수 그리스도의 성육신이 십자가의 고통 속에서 하나님의 구속을 실현하였듯이, 말씀과 관계를 맺는 삶과 노동은 고통 속에서 이 땅에서 하나님 나라를 성취해 나간다. 이처럼 루터는 노동을 성경 가운데 재조명함으로 이 땅에서 하나님나라를 이루는 독특한 신학적 사상을 마련하였다.

나눠봅시다

01

루터가 종교개혁을 시작할 무렵 유럽은 어떤 점에서 새로운 시대를 요구하고 있는가?

02

루터는 노동과 관련하여 성경에서 어떤 하나님을 발견했는가? 루터가 주목한 하나님의 형상과 문화명령은 어떤 의미이며, 이것은 중세 노동 신학에 어떤 도전이 되었는가?

03

중세교회 정치와 교회 권위 그리고 질서를 뒤엎을만한 루터의 노동에 대한 성경적 개념은 무엇인가?

04

루터가 제시한 노동의 거룩성은 무엇인가? 나의 직업 활동에서 거룩성을 확보하기 위해 어떤 노력이 필요한가?

05

성경에 나타난 노동의 목적은 무엇인가? 나의 노동의 목적과 어떻게 다르며, 새롭게 할 점은 무엇인가?

4장

루터의
노동영성

영성이란, 종교적 신비의 체험이 아니라 하나님 말씀을 신앙을 포함한 삶의 모든 영역에서 실제화 하는 것이다. 루터는 성경에서 '이신칭의' 라는 복음을 재발견함에 따라 중세교회가 교회의 전통과 관습을 절대화하면서 성경으로부터 벗어났음을 발견하였다. 이에 따라 그는 성경에 기초하여 교회의 개혁운동을 펼쳤을뿐만 아니라 삶의 중심인 직업과 노동에 대하여 재해석을 하였다. 그리고 그는 여기에서 교회를 뛰어넘어 현실의 삶 속에서 신앙의 의미를 발견하였다.

실제적인 삶에 나타난 하나님의 영광으로서 영성

중세교회와 수도원에서 노동은 나태 방지를 위한 경건의 수단일 뿐이었다. 이들의 주요 관심은 말씀과 기도와 같은 종교적 경건 행위에 집중하는 것이었다. 그래서 이들은 노동하는 사람을 '이류시민, 교회에 포함된 저급한 동물' 이라고까지 폄하하였다. 이것을 보면 중세교회는 일반시민의 노동 대가로 물질적인 풍요를 누리면서 노동을 멸시하였다. 당시에는 모든 사람이 중세교회의 성도였는데 시민들은 노동하는 자신의 삶에서 아무런 신앙적 의미도 찾을 수 없었다. 결국 하나님과 관계없는 삶은 그 의미도 상실케 한다. 따라서 노동하는 삶이란 생존을 위한 운명적 고통이었고 그 대가는 오직 교회에 바치는 것 이외에 다른 의미는 없었다.

그러나 루터는 요한복음 5장 17절의 '일하시는 하나님과 예수님'에 대한 주해에서 하나님은 일하시는 분으로서 인간을 노동하는 존재(창 2:15)로 창조하였다고 말하고 있다. 하나님이 일하시는데 누가 일(노동)을 무시하고 천시할 수 있을까? 이러한 사실에 근거하여 루터는 사제의 신분을 거룩한 것으로 자랑하면서 노동을 외면하는 '나태'에 빠진 자들을 준엄하게 책망하였다.

이러한 루터의 노동관은 일반시민들로 하여금 자신의 노동하는 삶이 생존을 위한 세속적인 수단이라는 인식에서 벗어나 하나님의 창조역사에 참여하는 특별한 의미를 가지게 하였다. 이로써 신앙과 삶은 노동을 통해 하나가 될 수 있었다. 중세수도원의 "노동은 곧 기도이다"라는 구호는 그에 의해서 수도원을 뛰어넘어 세상에서도 이루어지게 되었다. 이러한 그의 '노동영성'은 삶의 모든 영역에서 '코람데오(coram Deo, 하나님 앞에서)'의 사상을 가지게 하였다. 더 나아가 일반시민들로 하여금 하나님 앞에서 새로운 삶의 의미를 가져다주었으며 운명적인 가난으로부터 벗어나는 계기가 되었다. 이런 점에서 루터의 종교개혁에서 나타난 '노동영성'은 일반시민들에게 영적각성 뿐만 아니라 운명적인 가난과 신분의 삶에서 벗어나는 질적 향상을 가져다주었다.

운명적인 신분과 계급의 구속에서 해방시키는 영성

노동의 비참함은 가난과 고통 뿐만 아니라 신분의 비천함으로 이어진다. 여기에서 종교적으로는 '성과 속'의 구분이 생기며, 정치적으로는 '귀족과 노예'의 계급적 이분법이 발생한다. 노동을 하는 일반시민은 자연스럽게 성직자들과 권력자들의 노예로 전락하면서 삶의 희망을 상실하였다. 이러한 시대 상황 속에서 루터의 '모든 신자 제사장설'은 예수 그리스도의 세례와 구원의 은혜 아래에서 모든 사람이 동일한 사제이며, 평등한 존재임을 밝히고 있다. 루터는 하나님 앞에서 사제와 귀족 그리고 일반 시민에 이르기까지 모두가 평등함을 주장한다. 그의 인류 평등사상은 그가 원했든, 원하지 않았든 간에 종교 뿐만 아니라 정치와 경제의 개혁으로 이어지는 혁명사상이 되었다. 그의 사상은 후에 '농민전쟁'[41]을 통해서 역사적 사건으로 나타나게 되었다. '농민전쟁'은 비록 실패로 끝이 났지만 이것 역시 루터의 평등사상으로부터 나온 급진적 사건이었다. 이러한 점에서 루터의

41 농민전쟁(1524-1525)은 루터의 평등사상에 영향을 받은 농민들이 영주들의 폭정에 대항한 전쟁이다. 주동자는 토마스 뮌쳐(Thomas Müntzer)이며, 그는 자신의 신학사상인 천년왕국의 실현의 힘을 농민에게서 찾았다. 결국 루터의 동의하에 영주들의 무력제압으로 인해서 농민전쟁은 참담한 실패로 막을 내렸다. 루터가 이 전쟁에 대해서 반대한 것은 농민들의 주장이 잘못되어서가 아니라 이들의 무력적 방법이 성경적이지 않았기 때문이다. 루터는 하나님의 때를 기다리면서 믿음을 가지고 인내하기를 권고하였다.

'이신칭의'의 복음과 성경해석으로부터 나온 노동의 이해와 영성은 교회의 예속과 정치적 계급의 한계를 뛰어 넘어 모든 사람이 주안에서 평등하며 자유롭다는 사실을 일깨워 주었다.

소명의식으로서 영성

루터 이전의 시대에서 직업은 운명적이었다. 귀족의 가문에서 태어난 사람은 귀족이 되었고 농민은 농민이 될 수밖에 없었다. 운명적 직업에서 벗어날 수 있는 길은 오직 사제가 되는 것이었다. 각 사람에게 직업을 선택할 여지가 없었고, 이것은 운명적인 신분을 결정하였다. 오늘날의 금수저, 은수저 그리고 흙수저 논란은 새삼스러운 것이 아니다. 이것은 중세의 확고한 질서구조였다. 루터의 소명 사상은 하나님 앞에서 모든 사람의 평등사상을 내포함으로 중세의 신분계급을 타파하면서 일반 백성들에게 새로운 세상에 대한 희망을 불러 일으켰다.

루터는 직업과 노동을 운명적 조건이 아니라 하나님의 소명으로 바라보았다. 하나님이 각 사람을 왕과 사제 그리고 농부와 상인으로 불렀다는 것이다. 각 사람은 자기의 위치에서 노동을 통하여 창조섭리에 쓰임을 받으며, 지상에서 하나님나라를 건설하는데 기여한다고 보았다. 특히 '모든 신자 제사장설'에서 그는 하나님 앞에서 소명에 의해서 직업이 정해지기 때문에 사람의 역할에 따라 직무가 정해질 수는 있어도 그것으로 신분이 결정되는 것은 아니라고 주장했다. 루터는 이 소명의식 속에서 직업과 노동의 다양성을 인정할뿐만 아니라, 사람들로 하여금 직업과 노동이 하나님이 부르신 거룩한 터전임을 인식하게 하였다. 이러한 소명감은 일반시민들에게 신앙과 노동을 일치시키도록 하였으며, 동시에 그 일을 통해 이 땅에서 하나님 나라와 의를 추구하는 삶의 의미를 발견할 수 있게 하였다.

이웃사랑을 실천하는 영성

루터 이전의 시대나 오늘날에 있어서도 노동은 생존의 수단이며 물질적 만족을 누리기 위한 목적을 가지고 있다. 이것은 인류 역사에서 변하지 않을 것 같은 명제처럼 여겨지는 세속적 사상이다. 그런데 루터는 이 명제를 깨뜨리고 새로운 개념으로서 노동의 목적을 제시하였다. 그는 그리스도인의 정체성에 대하여 그의 저서 『그리스도인의 자유』에서 다음과 같이 말하고 있다.

왜냐하면 (그리스도인) 각자는 자기의 신앙을 통해 너무나 부요하게 되었으므로 (그의) 모든 다른 행위들과 (그의) 전 삶은 (이제) 기꺼운 호의로 이웃을 섬기고 이웃에게 선을 행하기 위해 가지는 여분의 것이기 때문이다.[42]

42 Luther, 『그리스도인의 자유』, 99.

그런고로 하늘 아버지께서 그리스도 안에서 우리를 값없이 도와주셨던 것처럼 우리도 그분(그리스도)의 육과 육의 사역 때문에 우리의 이웃을 도와주어야 하며 서로가 서로에게 하나의 그리스도가 되어 주어야 한다. 그리하여 우리(모두)가 서로에게 그리스도가 되고 그리스도께서는 모든 사람 가운데에서 동일한 그리스도가 되어야 한다. 이들이 (바로)참된 그리스도인이다.[43]

루터에 의하면 참된 그리스도인이란, 그리스도께서 우리를 값없이 도와주신 것을 기억하고 필요한 사람에게 값없이 도와주는 그리스도가 되는 사람이다. 즉, 그리스도인이 되었을 때 그리스도처럼 타인의 유익과 행복을 위해서 자기를 버려야 한다는 것이다. 그는 '이신칭의'의 목적이 개인의 구원에 있는 것이 아니라 이웃에 대한 사랑의 열매를 맺는데 있다고 주장하였다. 그가 꿈꾸는 세상은 사도 바울이 꿈꾸었던 '그리스도의 사랑이 지배함으로 가난한 사람이 없는 평등한 공동체'와 일치하고 있다는 것을 알 수 있다(고후 8:13-14).

이러한 점에서 루터의 '노동영성'은 예수의 사랑에 기초하고 있다. 따라서 그리스도인의 신앙고백은 신앙적 차원에서 벗어나 이웃사랑을 실천함으로 나타나야 한다. 그의 관점에 의하면

43 Ibid., 107.

노동은 더 이상 중세교회에 의해 조작된 '속된 것'이 아니라 하나님의 사랑을 지상에 흐르게 하는 '거룩한 것'이다. 따라서 예수를 사랑하는 사람은 곧 세상에서 열심히 일을 하는 사람이며, 이웃사랑을 실천하는 사람이다. 그의 '노동영성'은 그리스도인 각 개인의 행복과 성공을 뛰어넘어서 예수의 사랑이 지배하는 공동체적인 성격을 지향하고 있다. 이러한 노동의 목적으로서 '이웃사랑'은 초대교회에서 모범적 예를 찾아볼 수 있다. 로마서 15장 25-29절에는 기근으로 고통 받는 예루살렘 교회를 돕기 위한 이방 교회의 모금활동이 나오고 있다.

김옥순은 "예수가 선포한 하나님나라는 복음을 믿는 것이며, 부활한 자와 만나는 것이며, 이러한 복음의 온전성은 형제의 궁핍함을 돕는 것"이라고 말하고 있다. 초대교회는 말씀전파와 함께 디아코니아($\delta\iota\alpha\kappa\text{o}\nu\iota\alpha$, 봉사)신학을 함께 가졌다고 말한다. 그녀는 예루살렘 교회가 기근의 고통에 있을 때 바울이 개척한 교회들이 예루살렘 교회를 도움으로 주안에서 동일한 복음으로 확인되었다고 한다.[44] 초대교회에서 사도 중심의 예루살렘 교회와 바울이 개척한 이방교회가 복음의 일치를 이룬 것은 신학적 토론 뿐만 아니라(행 15장), 곤경에 빠진 예루살렘 교회를 돕는 디아코니아 신학으로 말미암았다. 이 같은 사실에서 우리는 초대교회에 나타난 교회의 표지는 말씀 선교에만 집중

44 김옥순, 「디아코니아학 입문」, (서울: 한들출판사, 2010), 323-24.

된 것이 아니라 '이웃사랑'과 함께 병행하고 있다(갈2:10)는 것을 알 수 있다. 초대교회에서 이웃사랑은 가난한 이웃에 대해 자비를 베푸는 선행이 아니라 부활신앙의 본질이며, 그리스도 안에서 임한 하나님 나라의 표현이었다. 이런 점에서 루터의 '노동영성'은 초대교회의 디아코니아 신학에 바탕을 두고 있으며 그의 '이웃사랑'은 '이신칭의'의 복음을 완성한다. 그는 믿음으로 구원받는 것에 만족하는 '값싼 복음'에 만족하지 않고 노동을 통해 이 땅에서 예수의 사랑에 기초한 하나님 나라를 건설하고자 하는 열정을 가졌다.

그렇다면 종교적 개혁에 머물지 않고 신학에 대해서 잘 알지 못하는 일반시민을 포함한 상인과 정치인들에 이르기까지 광범위한 지지를 받으면서 세상을 변혁시키는 루터의 '노동영성'의 실제적인 힘은 어디로부터 나왔는가?

나눠봅시다

01

기독교인은 인생의 목적을 '하나님께 영광'에 둔다. 이를 위해 나의 노동과 직장생활은 어떤 의미가 있는가?

02

루터의 '노동영성'은 어떻게 새로운 시대를 열었는가? 여기에서 오늘날 자유 민주주의를 촉발시킨 사상과 인식은 무엇인가?

03

직장은 하나님 앞에서 어떤 의미가 있으며, 직장을 선택할 때 진지하게 고려해야할 점은 무엇인가?

04

노동의 목적(열매)는 무엇인가? 초대 교회에서 '이웃사랑'은 복음전파에서 어떤 위치를 차지하고 있었는가? 오늘날 교회가 '이웃사랑'을 어떤 비중으로 행하여야 하는가?

5장

종교개혁의 원동력으로서의
루터의 노동영성

종교개혁 당시의 지식인들에게서 나타난 '노동영성'

루터는 1517년 10월 31일 비텐베르크 대학의 교회 정문 게시판에 〈95개조 반박문〉을 게재하였다. 이 행위는 당시 학자들이 주로 사용하는 논쟁의 형식에 따른 학자적 방법이었다. 또 여기에 사용한 언어도 주로 지식인들이 사용하는 라틴어였다. 이것은 루터의 종교개혁이 일반대중이 아닌 당시 지식을 갖춘 종교인들과 지식인을 대상으로 한 그의 개인적 항변이었음을 말한다. 하지만 이 일은 자신의 의도와 달리 격렬한 시대적 이슈(issue)가 되어 중세교회와 부딪히면서 본격적으로 종교개혁의 도화선이 되었다. 그의 중세교회와 싸움은 정치적 힘에 의한 것이 아니라 주로 글을 쓰고 많은 저서를 출판하는 지성적인 투쟁으로 이루어졌다. 이에 따라 당시의 인문주의자로 유명한 에라스무스(Erasmus)와 멜랑히톤(Melanchthon) 등이 루터를 지지했다. 이들은 비텐베르크 대학의 교수들을 중심으로 한 뛰어난 지식인들이었다.

왜 그 시대 지식인들은 루터의 종교개혁을 열광적으로 지지했는가? 종교개혁은 당시의 르네상스(Renaissance)와 함께 이루어지고 있었다. 르네상스는 중세교회의 신 중심에서 벗어난 인간중심사상 운동이었다. 이들은 자신들의 이상을 고대 그리스에서 찾았으며 이를 위해서 그리스 고전을 연구하였다. 이러한 르네상스 영향이 종교개혁에도 나타났다. 르네상스가 그리스 고전 연구를 하는 시대적 방향과 궤를 같이하여 루터는 신앙의 원전인 성경연구를 시작하였다. 특히 비텐베르크 대학에서 시편과 로마서를 강의하기 위하여 연구하던 중에 종교개혁의 핵심사상인 '이신칭의'를 발견하게 되었고, 여기에서 말씀을 통한 세상과 삶의 재해석은 '노동영성'을 가져오게 하였다. 이런 점에서 '노동영성'은 복음의 지성적 산물이라고 할 수 있다.

루터의 '노동영성'은 새로운 시대에 대한 비전과 이것을 이룰 수 있는 실제적인 변혁 운동을 가지고 있었다. '노동영성'의 핵심 사상은 '성과 속'이 성경 말씀에서 일치를 이룸으로 노동이 하나님 창조섭리 가운데 하나님 나라를 건설하는 거룩한 삶의 수단이라는 것이다. 또한 이에 그치지 않고 예수 안에서 모든 그리스도인의 평등함을 주장하고 있다. 이러한 신분의 평등 사상은 '성직자와 세속인', '귀족과 백성'이라는 중세의 이분법을 깨뜨리는 급진적인 사상을 내포하고 있다. 그 시대의 지식인들은 루터의 종교개혁이 성경에 나타난 복음을 회복하는 진리 운동이며, 그의 '노동영성'이 중세교회와 정치를 벗어나 새로운 시대를 여는 개혁적 사상이라는 것을 발견하였다. 즉, 그의 종교개혁과 '노동영성'에는 하나님의 말씀으로 새로운 세상을 여는 비전이 있었고, 이것이 그 시대의 지식인들의 관심과 적극적인 참여를 불러왔다.

루터의 종교개혁에 나타난 '노동영성'은 노동자에 앞서 지식인들에게 많은 관심을 받았으며, 이들의 지적 활동에 의해서 그의 종교개혁은 더욱 논리적이며 설득력 있는 운동성을 가지게 되었다. 루터의 '95개조의 논제'의 발표문은 2주 만에 독일 전역에 퍼지는 격동적인 관심을 끌었다. '95개조의 논제'에는 성경에 근거하여 중세교회의 면죄부에 대한 지성적인 반박이 담겨 있다. 이것이 기독 지성인들과 인문주의자들의 공감과 지지를 불러일으키는 요인이었다. 루터 자신도 그 시대의 탁월한 지성인으로서 무수한 저작을 통해서 종교개혁의 정당성에 대해 끊임없이 주장하고 설득하여 지성의 불꽃이 꺼지지 않도록 하였다. 이와 같은 지성적 운동에는 종교개혁과 함께 시작된 구텐베르크의 금속활자 인쇄술이 결정적 기여를 하였다. 그래서 이 종교개혁은 곧바로 지성인의 범위를 뛰어넘어서 일반백성에게로 확산될 수 있었다.

도시민과 상인들에게서 나타난 '노동영성'

루터의 '노동영성'에 대해서 가장 먼저 폭발적인 관심을 가졌던 것은 도시들이었다. 종교개혁이 시작되자 얼마 되지 않아서 독일 도시의 3/4 정도가 종교개혁에 참여했고 1525년까지 브레멘(Bremen), 막데부르크(Magdeburg), 브레스라우(Breslau), 뉘른베르크(Nürnberg), 콘스탄쯔(Konstanz), 슈트라쓰부르크(Straßburg), 취리히(Zürich)같은 제국 도시들이 이미 참여하고 있었다. 이 지역들은 자치적 성향이 강하고 출판과 상업과 무역이 발달된 도시로서 상업적 조합인 길드(guild)가 있었다. 길드는 그 도시의 모든 상인들이 참여하면서 조직적인 힘을 가지고 있는 단체였다. 이 도시에서 종교개혁은 주로 교구인(der Gemmeine Mann)을 중심으로 이루어졌는데, 이 사실은 종교개혁 운동이 '아래로부터 위로' 발전되었다는 것을 말하고 있다.[45] 루터는 "교구민이 자신들의 성직자를 임명하고 해임할 수 있는 권리가 있다"고 주장하였는데, 이에 따라 도시민들은 그의 종교개혁을 폭발적으로 지지하였다. 왜냐하면 당시 도시민들은 중세교회의 부정과 부패 그리고 과도한 세금으로 인해서 고통을 받고 있었기 때문이다. 그러면서도 이들은 중세교회의 노동관에 의해 자신들의 직업과 노동에 대한 어떤 신념이나 자부심조차 가질 수가 없었다. 이러한 배경 속에서 도시 교회들은 자치성의 의지를 가지고 교구민의 길드를 통해 중세교회와 단절하고자 하였다. 이들은 적극적으로 루터의 종교개혁 운동과 노동관을 받아들여 중세교회로부터 독립할뿐만 아니라 신앙과 직업(노동)을 연결하고자 하는 개혁적 세계관을 가지고 있었다.

이들은 루터의 '노동영성'을 통해 상업적 노동이 더 이상 세속적인 수단이 아니라 하나님의 뜻을 이 땅에서 이루는 거룩한 일임을 인식하게 되었다. 이에 따라 상인들은 직업과 노동 속에서 신앙적 의미를 찾으면서 자신의 삶에 대한 의미와 가치를 인

45 마석한, "루터의 종교개혁, 실학사상연구 13,"「루터관련 자료집」제 8집 (1995): 245-49.

식하게 되었다. 이것은 자연스럽게 신분 변화와 상승으로 나아가게 하였다. 이러한 시대적 배경 속에서 도시민과 상인들은 루터의 종교개혁과 '노동영성'을 자신들이 주체가 되는 새로운 시대를 여는 것으로 받아들이고 이것을 전폭적으로 지지했다. 중요한 것은 상인들의 국제적 무역이 루터의 종교개혁 사상과 함께 그의 '노동영성'도 전 유럽에 급속도로 퍼지게 한 요인이 되었다는 것이다.

농민들에게서 나타난 '노동영성'

종교개혁은 도시에서 폭발적인 지지와 함께 점차 지방으로 확산되어 갔다. 농민들의 루터의 종교개혁에 대한 지지는 도시의 종교개혁과 다른 점이 있다. 도시의 종교개혁이 중세교회의 부패와 압제에 대한 반발로서 진행된 것이라면, 지방에서는 지배계층과의 갈등으로부터 시작되었다. 농민들은 영주들에 의해서 노동을 착취당하고 부역과 조세에 시달렸다. 농민들은 루터의 저서 『그리스도인의 자유』와 '모든 신자 제사장설'이라는 신학적 주장에 영향을 받고 '하나님의 정의'에 부합한 사회와 인권을 주장하였다. 이러한 주장이 강화되면서 '농민전쟁'으로 나아가게 되었다. 특히 '농민전쟁'의 지도자인 토마스 뮌쩌(Thomas Müntzer)는 봉기에 앞서 루터를 방문하여 영주들의 탄압에 대해서 자문을 구할 정도로 루터는 농민들에게 확고한 지지를 받고 있었다. '농민전쟁'은 역사적 비극이지만 한편으로는 루터의 종교개혁 사상에 대한 농민들의 지지가 얼마나 폭발적이었는지 보여주고 있다.

이상을 살펴 볼 때, 루터의 종교개혁에 나타난 '이신칭의'는 신학적인 정당성만을 가지는 것이 아니라, '노동영성'이라는 실천신학이 되어 그 시대에 결정적인 영향을 주었다. 당시 제3세력이었던 지식인들과 상인들에게 이 '노동영성'은 중세교회의 조작적인 세계관이 막을 내리고 성경에 기초한 새로운 세상이 도래했다는 것을 일깨워주었다. 이들은 루터의 종교개혁을 통해 중세의 한계를 극복하고 새로운 신분으로 도약하고자 하는 열망을 가지게 되었고, 이것이 루터의 종교개혁에 대한 지지와 '노동영성'에 대한 적극적인 수용 자세를 가지게 했다. 또한 그동안 폭압적인 군주들의 독재에 시달리던 농민들 역시 루터의 '노동영성'을 통해서 자신들의 신분에 대한 이해와 함께 개혁 의지를 가지게 되었다. 이로써 종교개혁은 사회 전반적인 지지 가운데 힘찬 개혁의 역사를 이룰 수 있었다.

나눠봅시다

01

종교개혁의 주도세력은 누구인가? 왜 그럴까? 지식인들이 루터의 성
경적 '노동영성'을 지지한 이유는 무엇인가?

02

도시민과 상인들은 왜 루터의 종교개혁을 지지했는가? 여기서 '노동
영성'은 어떤 위치를 차지하고 있는가?

03

농민들은 왜 루터의 종교개혁을 지지했는가? 토마스 뮌쩌의 '농민전
쟁'의 역사적 의미는 무엇인가?

6장

루터의 노동영성의
역사적 의의

루터가 살았던 시대는 역사적으로 중세와 근대 사이에 놓인 과도기였다. 정치적으로는 로마제국이 무너지면서 국가주의가 발흥하였고, 종교적으로는 르네상스의 인문주의가 등장하면서 신(神)과 교회의 지배로부터 인간중심으로 옮겨가고 있었다. 한마디로 정치와 경제 그리고 종교에 이르기까지 총체적인 변혁의 시기라고 말할 수 있다. 이러한 시대에 일어난 종교개혁은 중세를 무너뜨리고 새로운 시대를 여는 변혁의 요소가 있었다. 그리고 이 변혁의 핵심에는 루터의 '노동영성'이 자리 잡고 있다.

종교와 계급의 억압으로부터 자유

중세교회에서 '성과 속'을 엄격하게 구분함에 따라 노동은 신앙과 상관 없는 세속의 영역이 되었고 노동자는 비천한 신분이 되었다. 이런 시대적 아픔 속에서 루터의 성경적 노동관이 나왔다. 그는 성경에 기초하여 하나님이 인간을 에덴동산에 두었을 때, 가장 우선적인 목표는 '나태하지 않기 위한 것'이라고 보았다. 이런 점에서 그의 노동관은 중세 수도원의 노동관과 연결선상에 있다. 그러나 그는 노동을 경건의 수단을 뛰어 넘어 '하나님의 문화명령'의 성취로 보았다. 타락한 세상이라고 해서 노동 가치가 없어진 것은 아니라는 것이다. 루터는 하나님께서 인간의 직업과 노동을 통해 지상에서 하나님의 창조섭리를 지속하고 있으며 이 땅에서 하나님나라를 추구하는 것으로 보았다.

루터는 교회와 세상을 따로 구분하지 않고 하나님나라를 이루는 통합적인 기관으로 보았다. 그의 통합적 인식은 일반시민들로 하여금 교회의 예속으로부터 벗어나게 했으며, 현실의 삶에 대해 신앙적 해석을 가지게 하였다. 특히 그의 저서 『교회의 바벨론 포로 해방』에서 중세 로마교황청의 조작적인 '칠성례'에 대해 날카로운 비판을 가함으로써 사람들로 하여금 교회의 허구를 깨닫게 했다. 또한 그의 '모든 신자 제사장설'은 사제와 일반사람, 권세자와 백성들이 하나님 앞에서 평등하다는 사실을 일깨워주었다. 그의 '성과 속의 일치'와 '주 안에서 평등사상'은 중세의 종교와 정치의 사슬을 끊고 새로운 시대로 향한 힘찬 발걸음이 되게 하였다. 이런 점에서 그의 '노동영성'은 평등과 자유를 주장하는 현대 민주화를 이루는데 초석이 되면서 중요한 역사적 의의를 가지게 되었다.

새로운 하나님나라에 대한 이해

루터는 '노동영성'에서 세속의 가치관과 전혀 다른 하나님나라의 가치관을 제시함으로 새로운 세상에 대한 비전을 제시하였다. 노동은 역사 이래 생계수단이나 출세의 목적으로 생각되었고, 이것은 오늘날까지도 당연한 명제처럼 받아들여지고 있다. 이러한 노동의 이면에는 인간의 탐욕이 자리 잡고 있으며, 그 결과로 아무리 많은 재화를 쌓고 물질문명을 이룬다고 할지라도 빈부의 격차에 따른 고통과 갈등에서 벗어날 수 없다. 이렇게 사람의 관계가 인격이 아닌 물질적 가치에 의해 정해지면서 삶은 황폐함으로 치닫는다.

루터는 세속적인 목적의 노동을 거부하면서 새로운 혁명적 '노동영성'을 주장했다. 그의 '노동영성'에는 인간의 탐욕이 아니라 그리스도의 주되심과 연합이 자리 잡고 있으며, 노동의 목적은 자신의 만족을 위한 것이 아니라 '이웃사랑'이 담겨 있다. 왜냐하면 그리스도께서 모든 인류를 구원하기 위해서 피를 흘렸듯이 이 구속의 사랑을 받은 그리스도인은 자신의 도움을 필요로 하는 사람에게 '그리스도'가 되어야하기 때문이다.

루터의 관점에서 중세 노동관은 일반시민들에게 귀족과 교회의 노예적 삶을 요구하는 고통이었을 뿐이다. 그는 이러한 중세 노동관의 인식을 바꾸어, 노동을 하나님 명령으로서 자신의 생계를 책임질 뿐만 아니라 이웃을 사랑하고 세상에서 창조섭리를 이루는 하나님나라의 건설을 위한 거룩한 수단으로 보았다. 그렇다고 해서 루터가 노동을 무조건 신성시한 것은 아니다. 노동 자체만의 중요성을 강조한다면, 이것 역시도 물질주의에 기초한 세속화로 나아갈 것으로 예상되었기 때문이다. 실제로 근대는 산업혁명과 신대륙 발견 그리고 강대국들의 식민지 확장으로 인해 물질의 욕망에 사로잡힌 세속주의가 확산되고 있었다. 루터는 성경적 '노동영성'을 주장함으로 다가올 근대의 세속주의에 의한 신앙의 타락과 인간성 상실에 대한 경종을 울렸다. 그리고 이에 대한 대안으로 '이웃사랑'을 통한 하나님나라를 적극적으로 제시했다. 이러한 점에서 노동의 목적으로서의 '이웃사랑'은 역사적으로 놀라운 가치가 있으며, 이 기여는 근대 뿐만 아니라 오늘날의 물질주의 세상에도 여전히 살아서 움직이는 운동력이 있다.

루터의 노동관의 한계: 개인의 신앙윤리와 정치윤리에 대한 역사적 고민 예시

루터의 하나님의 소명으로서 노동관은 시간이 지나면서 오히려 '노동영성'을 후퇴시키는 면이 있었다. 그는 직업은 하나님의 소명이기에 사람이 바꿀 수 없다는 입장을 가지고 있다. 그의 분명한 의도는 사회질서를 유지하고 조화를 이루기 위한 것이었다. 그러나 이것은 하나님의 이름으로 노동자의 운명을 고정시키는 것이기도 했다. 그가 아무리 노동의 가치를 높였다 할지라도 세상의 문화와 인식을 단번에 바꿀 수 있는 것은 아니다. 여전히 농부의 일은 고되고 그들의 신분은 비참했다. 그의 노동관은 그 시대에서 개혁적이었지만 자신이 속한 관료적 국가주의, 신분적 사회질서 속에서 무력한 인종(忍從)의 윤리로 머물고 말았다.

이 문제가 역사적 사건으로 연결된 것이 토마스 뮌처의 '농민전쟁'이다. 루터는 자신을 지지했던 농민의 입장을 이해하였음에도 불구하고 그들의 반란을 무참하게 진압하도록 제후들에게 요청했다. 그 이유는 그의 성경적 입장 때문이었다. 루터는 『평화에의 권고』에서 이 전쟁에 대한 자신의 입장을 다음과 같이 밝히고 있다.

사도 바울도 이렇게 말씀하셨다. "모든 사람은 통치하는 권세들에게 두려움과 공경함으로 복종하라(롬13:1)." 여러분은 하나님의 법에 따라 행동하고 있다고 큰 소리를 치면서도 손에 칼을 들고서 '하나님이 세우신 통치하는 권세들'에 대항하여 반란을 일으켰으니 이러한 성경 구절에 밝혀진 하나님의 법을 어떻게 피할 수 있으리요. ··· 여러분은 인내심 있게 기도를 드림으로 목적을 달성하고자 하는 그리스도인다운 행동을 하지 않고 폭력으로 통치자들을 위협하여 여러분이 원하는 것을 얻어내려 했었다.[46]

루터는 바울의 로마서 13장 1절의 말씀을 근거로 시민들에게 세상의 권세에 복종할 것을 주장하였다. 그가 '농민전쟁'에 대해 분명한 반대 입장을 표현한 것은 영주들의 악한 행위들을 묵인하려는 의도는 아니었다. 그는 오히려 『평화에의 권고』에서 영주들의 악행에 대해 준엄하게 책망하면서 하나님 심판을 경고하였다. 그가 반대한 것은 농민들의 잔인한 폭력적인 방법이다. '농민전쟁'이 그가 일하는 작센 주 근처까지 파급되자 돌

---

46 Luther, 『루터의 정치사상』, 109-116.

연히 반농민적인 태도를 취했다. 그는 『살인강도를 일삼는 농민의 도당』이라는 책자를 발행하면서 영주들로 하여금 농민을 진압시킬 것을 촉구하였다. 또 그는 『농민을 가혹하게 적대한 논문에 관한 공개서한』에서 "고집 세고 완악하고 논리적인 말에도 귀를 봉하는 맹목적인 농민들에게 아무도 자비를 보여주어서는 안된다. 오히려 힘 있는 사람은 누구나 미친개를 죽이듯 치고 자르고 찌르도록 하라"라고 하면서 제후들의 무력사용을 용인하였다. 결국 이 전쟁으로 인해서 농민 10만 명이 죽고 주동자 뮌처는 단두대에서 처형당했다. 이러한 루터의 반농민적인 태도로 말미암아 농민을 비롯한 일반시민들은 루터가 소수의 권력자들편에 서 있다는 것을 인식하고 다시 로마 가톨릭교회로 돌아가거나 재세례파로 돌변했다. 또한 제후의 도움을 받은 루터의 개혁교회는 주 정부에게로 실권을 넘기게 되었고 이것은 후에 독일의 '국가교회' 라는 결과를 가져왔다.

루터의 정치사상은 성경에 기초했으나 지나치게 보수적인 입장이었다. 그는 제후들의 폭정에 대해 분노하는 농민들의 입장을 이해하면서도 충분하게 받아들이지 못했다. 그는 하나님의 제도로서 정치체제를 받아들였기 때문에 이에 대한 인간의 도전을 용납할 수 없었다. 이것은 오직 성도의 기도를 통해서만 바꿀수 있다고 생각했다. 그는 일반시민의 노동에 대해 '하나님 창조섭리에 참여하는 행위' 로서 높은 가치평가를 내리면서도 당시 농노적 삶을 살아가는 농민들의 아우성에 공감하는데 한계를 보여주었다. 이러한 실패의 원인은 루터가 개인적인 신앙윤리를 세속의 정치구조에 여과 없이 적용했기 때문이다. 예를 들면 "나는 너희에게 이르노니 악한 자를 대적하지 말라. 누구든지 네 오른 편 뺨을 치거든 왼편도 돌려대며(마 5:39)"의 예수의 산상수훈은 개인적인 신앙윤리로 가치 있다. 그러나 이것이 국가의 정치적 결정의 근거가 될 수는 없다. 세상의 정치적 구조에 개인적 신앙을 여과 없이 적용할 때, 종교는 지배자들에게 백성을 억압하는 통치윤리로 이용되며 백성들에게는 비참한 '굴종의 윤리'가 되고 만다.

루터의 종교개혁사상인 '이신칭의'로부터 나온 '노동영성'이 세속사회의 구조적 개혁으로 연결되지 못한 점은 크게 아쉬운 점이다. 중세는 교회의 권력과 세속의 권력 사이에 우위를 점하려는 갈등이 있었다. 그러나 모두가 그리스도인이었기 때문에 종종 성경과 신앙의 권면은 절대적 권위를 가지고 교권의 우위성을 확보하게 만들었다. 이런 시대적 상황에서 '농민전쟁'은 개인의 신앙윤리와 세속의 정치윤리와 충돌을 보여준 것이다. 이 사건은 중세에 없었던 새로운 고민을 제시했다는 점에서 역사적 의미가 크다.

나눠봅시다

01

루터가 종교개혁을 일으킬 즈음 역사적 상황은 어떻게 준비되고 있었는가?

02

루터의 '노동영성'이 중세의 대표적 질서인 종교와 계급의 억압으로부터 어떻게 자유케 했는가?

03

루터의 '노동영성'이 하나님나라에 대한 어떠한 새로운 이해와 실제를 가져다주었는가?

04

루터의 '노동영성'이 신앙과 정치 윤리에 대한 어떤 한계와 고민을 제시하고 있는가?

7 장

결론: 루터의 노동영성과
현대적 의미

요약

지금까지 종교개혁 시대에 나타난 루터의 노동영성에 대해 살펴보았다. 당시는 중세시대의 엄격한 '성과 속'의 분리에 기초한 이분법적 교회정치체계를 가지고 있었고, 이에 따라 교회는 신앙과 경건에 지나치게 집중한 나머지 노동에 대해 부정적인 인식을 가지고 있었다. 이러한 중세교회의 인식 속에서 신앙은 교회에 매여 있었으나 노동이 중심된 실제 삶은 하나님으로부터 멀어져 있었고 비참한 노예적 신분으로서 가난의 운명으로부터 벗어나지 못하고 있었다.

이런 상황에서 루터는 '오직 성경'을 종교개혁의 구호로 삼았다. 그는 성경에 나타난 구원론을 '이신칭의'로 규정하면서 중세교회의 구원론 뿐만 아니라 이분법적인 교회전통을 개혁하였다. 그의 성경적 개혁의 범위는 신학사상과 종교생활에 그치지 않고 삶에서 가장 중요한 위치를 차지하고 있는 노동문제에까지 확대되었다. 루터의 성경분석에 의하면, 그리스도인이 믿는 삼위일체 하나님은 '노동하시는 신'으로서 인간을 에덴동산을 관리하는 노동의 존재로 창조하였다는 것이다. 그리고 하나님은 인간에게 '문화명령'을 줌으로써 노동을 통해서 삶의 의미를 찾게 하셨다. 따라서 노동은 '하나님의 형상'으로서 태만을 방지하면서 이 땅에서 하나님 나라를 이루어가는 도구였다. 이러한 점에서 노동은 처음부터 하나님 편에서 거룩한 것이었다.

그러나 인간의 죄는 노동을 고통의 의미로 변질시켰다. 그렇다고 해서 본질적으로 노동이 저주가 된 것은 아니다. 죄 가운데 있는 인간에게도 노동은 생계의 수단일뿐만 아니라 하나님 일을 행하게 하는 거룩한 수단이었다. 이러한 노동은 예수 그리스도의 구속에 의해 그 의미가 회복되었다. 그리스도 안에서 노동은 자기욕망과 사랑의 집착에서 벗어나 창조적 능력을 발휘할뿐만 아니라 더 나아가 이웃을 사랑하는 하나님나라를 지향하게 하였다. 이에 대해 루터는 인간의 성실과 근면을 통해 이 땅에서 창조역사와 섭리를 지속하고 있다고 하였다. 또한 '모든 신자 제사장설'을 통하여 모든 그리스도인은 그리스도 한 분을 믿을뿐만 아니라 그로부터 세례를 받은 동일한 사제임을 주장하였다. 이것을 근거로 루터는 그리스도인은 중세교회의 사제의 도움 없이 하나님 앞에 자유로이 나아가서 죄 사함을 받을 수 있는 사제이며, 동시에 자기가 속한 공동체에서 복음을 증거하고 기도하는 사제의 역할을 주장하였다. 이 사제직의 역할은 교회 안에만 머물지 않는다. 세속의 일반 직무 역시 그리스도에게 속한 거룩한 직무로서 그리스도인은 그 일을 통해 세상에서 하나님의 뜻과 영광을 실현하는 것이다. 여기에서 루터는 하나님나라가 이 세상 속에서 일반은총과 특별은총이 함께 어우러져 가며 건설되고 있음을 말한다. 이런 점에서 루터는 비그리스도인의 노동조차도 하나님 앞에서 가치 있는 것으로 여기고 있다.

그러나 루터의 '이신칭의'에 기초한 구원론에서 볼 때, 이 세상에서 하나님나라를 이루는데 직접적으로 쓰임을 받는 것은 '모든 신자 제사장설'에서 주장하는 그리스도인임을 알 수 있다. 이러한 점에서 루터의 개혁적 노동의 신학사상은 개인적인 삶의 풍요 뿐만 아니라, 말씀에 기초한 사회 변혁과 그리스도 안에서 이웃사랑을 실천하는 공동체를 지향하고 있다. 루터는 노동을 말씀과 일치를 통한 신앙고백의 차원으로 승화시켰다. 루터의 노동관은 중세의 '성과 속'을 구분하는 이분법적인 사고와 '귀족과 노예'의 신분에 대한 개혁이었으며, 말씀으로 세상을 변혁시키고자 하는 혁명적인 사상이었다. 이것이 그의 신학에 나타난 '노동영성'의 본질이다. 그의 '노동영성'을 공급받은 그 시대 사람들은 중세의 가난과 신분의 운명적인 굴레로부터 자유로울 수 있었고, 풍요한 삶의 희망을 가질 수 있었다. 더 나아가서 그리스도 안에서 새로운 사회 공동체에 대한 비전속에서 하나님나라의 비전을 가질 수 있게 되었다.

제언

현대는 직업과 노동의 의미를 물질적이며 인본주의적인 의미로 제한하는 경향이 있다. 사람들은 직업과 노동을 통해서 인간적인 자아실현과 함께 물질적 만족을 얻고자 한다. 이러한 세속적 물질추구는 사람의 정체성을 상실하게 만들었다. 사람의 인격이 아니라 연봉을 기준으로 사람의 가치를 매기기도 하고, 학생들의 공부하는 목적도 주로 세속적 가치가 있는 취업에 있다. 이러한 시대풍조는 삶의 의미와 행복을 물질주의에 의지하게 한다. 이것이 교회와 그리스도인의 삶에서도 나타나고 있다. 신앙은 교회와 성도의 내면적인 은혜로만 국한하고 실제생활에서는 물질적이고 인본적인 기준으로 살아가고 있는 것이다. 즉 중세교회에 나타난 '성과 속'의 분리가 오늘날 현대 그리스도인을 지배하고 있다.

이러한 사실은 현대와 한국교회가 성경적 하나님나라와 정반대 방향으로 흘러가고 있고, 동시에 루터의 종교개혁에서 나타난 '노동영성'이 강력하게 요구하고 있다는 것을 보여주고 있다. 그리스도인이 루터의 '노동영성'을 따라 말씀과 삶을 일치시키는 영성을 회복할 때, 현실의 삶에서 그리스도의 연합으로 말미암은 영적 부요함을 누리게 될 것이다. 더 나아가서 이 은혜의 능력으로 현대인을 짓누르는 자본주의의 유혹과 압력으로부터 자유롭게 될 수 있다. 또한 우리의 노동은 더 이상 물질추구를 통한 세속적인 만족이 아닌 이 땅에 이웃사랑을 통해서 하나님나라를 실현하는 거룩한 도구로 사용될 것이다.

하지만 이 일은 간단하지 않다. 현실에서 말씀을 따르기 위해서는 신앙적 결단이 요구된다. 예수는 "너희는 먼저 그의 나라와 의를 구하라. 그리하면 이 모든 것을 너희에게 더하시리라(마 6:33)"고 말씀하셨다. 그리스도인들은 하나님께 자기의 필요를 구하기보다 적극적으로 자기를 부인하며 '하나님나라와 그의 의'를 구하는 삶을 추구해야 한다. 그렇다면 노동 문제에 있어서 '하나님나라와 그의 의'를 위해 나에게 주어진 소명은 무엇이며, 이것을 어떻게 찾을 수 있는가? 이에 대해 바이트 (Veith. Jr)는 다음과 같이 말하고 있다.

우리는 어떻게 자신의 소명을 알 수 있는가? 엄밀히 말해서, 그리고 우리가 젊은이들에게 크면 무엇을 할 것인지 '결정하라'고 압력을 가하는 것과는 반대로, 소명은 우리가 스스로를 위해 선택하는 것이 아니다. 오히려 우리를 특정한 일 혹은 신분으로 '부르시는' 하나님에 의해 주어진다. 하나님은 각 개인에게 독특한 재능과 기술과 관심거리를 주신다. 하나님은 또한 각 사람을 일련의 독특한 외적 상황 속에 집어넣으시는데 이 상황은 하나님이 그의 섭리를 따라 미리 정하신 것이다. 소명은 스스로 택한 것이 아니므로 다른 이들의 행위를 통해서도 알 수 있다. 일의 제안을 받거나, 어떤 직책에 선정되거나 당신과 결혼하고 싶어 하는 사람을 만나는 것은 모두 소명에 대한 실마리가 된다. 본질적으로 당신의 소명은 현재 당신이 차지하고 있는 그 자리에서 발견해야 한다.[47]

그리스도인의 직업과 노동은 세속적 가치와 효율성이 아닌 하나님의 부르심에 의해서 결정되어야 한다. 자신이 묵상하는

47 Veith. Jr, 『십자가의 영성』, 94-95.

하나님의 말씀과 기도와 나의 주어진 상황, 그리고 하나님나라를 향한 내적 열망 속에서 하나님의 소명을 찾아야 한다. 때로는 그 일이 세상의 기준으로 볼 때 비천하고 가난한 삶이 될 수 있다. 그러나 이러한 일들이 나의 뜻과 일치하지 않을지라도 그것이 주께서 원하시는 일이면 선택하고 최선을 다해야 한다. 예수님께서는 작은 일에 충성하는 종에게 큰 상을 내리셨다(마 25:23). 세상의 기준으로 보면 무시하고 외면할 만한 작은 일에 충성하는 것이 하나님 앞에서 큰 일을 하는 것이다. 하나님나라는 세상이 아닌 하나님나라의 기준에 따라서 세워진다. 우리 사회에 나타나는 물질적 풍요 속에 삶의 황폐함은 교회와 그리스도인들이 소명을 통한 하나님의 선한 일들을 외면하기 때문이다. 직업 선택에 있어서 중요한 문제는 인간 중심적인 욕구에 있는 것이 아니라 '하나님께서 나에게 원하시는 일이 무엇인가?'라는 하나님 중심적인 삶의 추구에 있다.

오늘날 교회의 심각한 문제는 세속적인 가치관에 깊이 물들어 있다는 것이다. 이러한 가치관에 의해 다수의 그리스도인이 좋은 직장에 취업하고 세상에서 성공을 추구한다면 이 땅에 루터가 추구했던 그리스도의 사랑이 넘치는 하나님나라의 건설은 요원할 뿐이다. 오히려 교회가 세속적인 물질주의를 더욱 악화시키는데 앞장설까 염려스럽다. 정말 우리 시대를 볼 때 루터가 발견한 성경적 '노동영성'의 회복이 요구된다. 성경적 '노동영성'이 회복될 때, 이 세상에서 교회와 그리스도인은 예수님께서 명하신 '빛과 소금'의 사명을 감당하게 될 줄 믿는다. 종교 개혁자들의 표어는 "개혁된 교회는 계속하여 개혁되어야 한다 (Ecclesia reformata est semper reformanda)"이다. 이 표어가 역사의 교훈에만 머물지 않고 오늘날 한국 교회에도 개혁의 역사로 나타나기를 간절히 바란다.

참 고 문 헌

김옥순. 『디아코니아학 입문』.

김영한. 『21C 문화변혁과 개혁신앙』. 서울: 예영커뮤니케이션, 2007.

_____. "루터와 뮌처", 「서강인문논문」 제 20집 (2006.): 35-66.

김선희. "루터의 소명사상", 「루터 대학교 교수 논문집」 제 14집 (2003): 7-45.

김은수. 『개혁주의 신앙의 기초 I』. 서울: SFC, 2010.

배지홍. "소명으로서의 직업에 대한 고찰-루터의 사상을 중심으로", 한신 대학교 신학전문대학원 석사논문, 2005.

송낙원. 『교회사』. 서울: 서울 신학연구소, 1984.

안점식. 『세계관 · 종교 · 문화』. 서울: 죠이선교회, 2008.

이광규. 『文化人類學槪論』. 서울: 일호각, 1984.

이장식. 『기독교 사상사 (제 2권)』. 서울: 대한기독교서회, 1995.

이은선. "칼빈과 청교도의 경제윤리." 「개혁신학회논문집」. 6 (2010, 6): 137-69.

임영천. "개혁자 루터와 독일 대 농민전쟁(I)." 『기독교 사상(제4권)』. 서울: 대한기독교서회. 1984: 138-55.

정성욱. 『한눈에 보는 종교개혁 키워드』. 서울: 부흥과 개혁사, 1999.

홍치모. 『종교개혁사』. 서울: 성광문화사, 1981.

칼 빈, 죤. 『사도행전·데살로니가전·후』. 죤 칼빈 성경주석출판위원회
    역. 서울: 성서교재간행사, 1985.

Althaus, Paul. *The theology of Martin Luther*. Tr. Robert C.
    Schultz. Philadelphia: Fortress Press, 1966. 이형기역. 『루
    터의 신학』. 서울: 크리스챤다이제스트, 1994.

Bainton, Roland H. *Here I Stand: A Life of Martin Luther*.
    Nashville: Abingdon Press, 1978. 이종태 역. 『마틴 루터의 생
    애』. 서울: 생명의 말씀사, 1982.

Berger, K. *Was ist biblische Spritualität?*. Gütersloh:
    Gütersloher Verlagshaus GmbH, 2000. 김옥순역. 『디아코니
    아학 입문』. 서울: 한들출판사, 2010.

Biéler, André. *The social humanism of Calvin*. Richmond:
    John Knox press, 1964. 홍치모 역. 『칼빈의 경제원리』. 서울:
    성광문화사, 1985.

Brooke, Chrisopher. *Die Klöester*. Verlag Herder Freburg im
    Breisgau, 2004. 이한우 역. 『수도원의 탄생』. 서울: 청년사.
    2004.

Cannon, William R. *History of Christianity in the Middle
    Ages*. Grand Rapids: BakerBook, 1983. 서영일 역. 『종세 교
    회사』. 서울: 은성출판사, 1986.

Chadwick, Henry. *The Early Church*. London, UK: Penguin. 서영일 역.『초대교회사』. 서울: 기독교문서선교회, 1989.

Evans, G. R. *Faith in the Medieval World*. Oxford, England: Lion Publishing plc, 2002. 이종인 역.『중세의 그리스도교 』. 서울: 예경. 2006.

Gonzales, Justo L. *The Story of Christianity*. New York: HarperOne, 1984. 서영일 역.『종교개혁사』. 서울: 은성출판사, 1988.

_____. *Christian Thought Revised: Three Types of Theology*. Nashiville: Abingdon Press, 1990. 이후정 역.『기독교 사상사』. 서울:컨콜디아사, 1991.

Gomez, Alvarez Jesus. *Historia de la vida religiosa*. Mardrid: Publicaciones Claretianas, 1971. 강운자(루실라) 역.『수도생활의 역사 I』. 서울: 성 바오로, 2000.

_____, Alvarez Jesus. *Historia de la vida religiosa*. Mardrid: Publicaciones Claretianas, 1971. 강운자(루실라) 역.『수도생활의 역사 II』. 서울: 성 바오로, 2000.

Guinness, Os. *The Call*. Indianapolis: Word Publishing, 2003. 홍병룡 역.『소명』. 서울: IVP, 2006.

Gunther, Franz. *Der Deutsche Bauernkrieg*. 홍치모 역『종교개혁사』.서울: 성광문화사, 1981.

Kuiper, B. K. *The Church in History*. Grand Rapids, Mi:

Eerdmans, 1964. 김해연 역. 『세계 기독교회사』. 서울: 성광문화
사, 1987.

Luther, Martin. *A Simple Way To Pray, for a Good Friend.* 유재
덕 역. 『마틴 루터의 기도』. 서울: 브니엘, 2008.

_____. *An den christlichen Adel deutscher Nation. Von
des christlichen Standes Besserung.* J. M. Porter, ed.
Luther selected Political Writings. Eugune: Wipf & Stock
Publishers. 홍치모 역. 『루터의 정치사상』. 서울: 컨콜디아사.
1985.

_____. *Commentary on Romans.* 박문제 역. 『루터의 로마서 주
석』. 서울: 크리스챤 다이제스트, 2001.

_____. *DeLibertate Christiana/ Von der Freiheit eines
Christenmenschen.* 한인수 역. 『그리스도인의 자유』. 서울: 도
서출판 경건, 1996.

_____. *Admonition to Peace a reply to the twelve articles of
the Peasants in Swabia.* J. M. Porter, ed. *Luther selected
Political Writings,* Eugune: Wipf & Stock Publishers. 홍치
모 역. 『루터의 정치사상』. 서울: 컨콜디아사. 1985.

_____. 지원용 역. 『말틴 루터의 종교개혁 3大 논문』. 서울: 컨콜디아
사, 2003.

_____. 지원용 역. 『루터 선집(제1권)』. 루터와 구약(1). 서울: 컨콜디아
사, 1984.

_____. *D. Martin Luthers Werke, Kritische Gesamtausgabe*

(Weimar, 1883), Paul Althaus, *The theology of Martin Luther.* Tr. Robert C. Schultz. Philadelphia: Fortress Press, 1966. 이형기역. 『루터의 신학』. 서울: 크리스챤다이제스트, 1994.

Mcgrath, Alister. *Roots that Refresh: A Celebration of Reformation Spirituality.* London: Hodder & Stonghton, 1991. 박규태 역. 『종교개혁시대의 영성』. 서울: 좋은 씨앗, 2005.

Porter, J. M. ed. *Luther selected Political Writings.* Eugune: Wipf & Stock Publishers. 홍치모 역. 『루터의 정치사상』. 서울: 컨콜디아사, 1985.

Pontique, Évagre le. *Traité Pratique ou le Moine.* Paris: Les Éditions du Cerf, 1971. 허성석 역. 『수행생활에 관한 가르침, 프락티코스』. 서울: 분도출판사, 2011.

Veith Jr, Gene Edward. *The Spirituality of The Cross.* St. Louis Missori: Concordia Publishing House. 1999. 엄영섭 역. 『십자가의 영성』. 서울: 컨콜디아사, 2004.

Wingren, Gustaf. *Luther on Vocation.* Tr. Carl C. Rasmussen. Minneapolis: Augsburg: reprinted, Evansville, IN: Ballast Press, 1994. 맹용길 역. 『루터의 소명론』. 서울: 컨콜디아사, 1975.

ESF(Evangelical Student Fellowship)는
사도행전 1장 8절에서 선포되고 있는
예수님의 지상명령에 근거하여
캠퍼스복음화를 통한 통일성서한국, 세계선교를
주요목표로 삼고 있는 초교파적 선교단체입니다.

기독대학인회(ESF)
주소_ 01081 서울시 강북구 덕릉로 77 (수유동 47-68)
전화_ 02)989-3494
팩스_ 02)989-3385
홈페이지_ www.esf21.com
이메일_ esfhq@hanmail.net

ESP(Evangelical Student Fellowship Press)는
기독대학인회(ESF)의 출판부입니다.

기독대학인회 출판부(ESP)는
다음과 같은 마음을 품고 기도하면서 일하고 있습니다.
첫째, 청년 대학생은 이 시대의 희망입니다.
둘째, 하나님 말씀인 성경을 사랑합니다.
셋째, 문서사역을 통하여 성경적 세계관을 정립해 나갑니다.
넷째, 문서선교를 통하여 총체적 선교에 도움을 주고자 합니다.

기독대학인회 출판부(ESP)
전화_ 02)989-3476~7
팩스_ 02)989-3385
이메일_ esfpress@hanmail.net